KB045530

엄마
주도
학습

이미애 지음 ——

엄마주도학습

대치동 샤론코치가 전하는 강제적 공부 습관의 힘

21세기북스

현명한 한 명의 어머니가 백 사람의 스승보다 낫다

— 헤르바르트

아이가 **공부를 못하는 건** 엄마가 **게으르기 때문**이다

"애 좀 가만히 놔둬. 필요하면 시키지 않아도 지가 알아서 공부해" "열심히 하다 보면 자연스럽게 요령이 생기는 거죠. 그게 가르친다고 되나요?"라고 말하는 학부모들이 있다. 정말 그럴까? 그렇다면 왜 같은 학교, 같은 학원에서 같은 교재로 공부해도 성적이 천차만별인 것일까? 같은 시간 동안 책상에 앉아 있는데 왜 누구는 1등을 하고 누구는 꼴등을 하는 것일까? 타고난 지능의 차이일까? 아니면 집안 분위기의 차이일까?

아무리 타고난 재능이 뛰어나다고 해도 이를 제대로 갈고닦지 않으면 제 빛을 발하지 못한다. 김연아, 박태환 선수가 운동에 탁월한 재능을 가지고 태어났더라도, 어린 시절부터 제대로 된 운동 습관을 기르지 못했다면 분명 오늘의 영광은 없었을 것이다.

공부는 머리가 아니라 습관으로 하는 것이다. 습관은 말 그대로 '여러 번 되풀이함으로써 저절로 익고 굳어진 행동'이자 '치우쳐서 고치기 어렵게 된 성질'을 의미한다. 실제로 중고등학교 우등생들을 보면 하나같이 공부를 습관처럼 한다. 특별히 IQ가 뛰어나다기보다는 저축하는 습관, 약속을 칼같이 지키는 습관, 청소하는 습관처럼 학습 습관 또한 몸에 자연스럽게 배어 있다.

초등 학습 중심에
엄마가 있어야 하는 이유

운동선수들이 체계화된 훈련을 받듯 우리 아이들 역시 학습 습관을 훈련받아야 한다. 그런데 아이들은 지금까지 영어 단어와 수학 공식을 암기하는 방법만 배웠을 뿐, 단 한 번도 스스로 공부하는 방법을 배워본 적이 없다. 이런 상황에도 불구하고 엄마들은 "다른 애들은 알아서 잘만 하는데 너는 왜 그 모양이야"라며 아이를 책상에 붙들어 앉힌다. 대책 없이 아이를 방치하면서도 학원에 보내는 것으로 자신의 일을 다했다고 생각하기도 한다. 이 모두가 '자기주도학습은 혼자 공부하는 것'이라는 오해에서 비롯된 현상이다.

자기주도학습은 독학이 아니다. 아이들도 공부하는 방법을 배워야만 자기주도가 가능해진다. 본격적으로 공부를 시작하는 초등학생이라면 더더욱 '스스로 배우는 학습 습관'을 잡아줘야 한다. 초등학교 시절 엄마가 제대로 잡아준 습관 하나가 아이를 성장시키고, 성공으로 이끄는 강력한 무기가 된다. 엄마의 관심과 노력에 따라 10년 후 아이의 인생이 달라지는 것이다. 이것이 바로 학습의 중심에 엄마가 있어야 하는 이유다.

스스로 배우는 법을 아는 아이들은 성적이 우수할 뿐 아니라 세상을 살면서 마주하게 되는 수많은 난관 앞에서 결코 주눅 들거나 물러섬이 없다. 상황을 적극적으로 돌파해나가는 힘을 지니고 있기 때문이다. 문제해결력이 없는 사람 앞에 놓인 문턱은 걸림돌이지만, 주도적으로 문제를 해결하는 사람 앞에 놓인 문턱은 성공을 향한 디딤돌이 된다. 내 아이의 인생 앞에 성공의 디딤돌을 놓아줄 사람이 누구겠는가? 엄마다. 엄마밖에 없다.

초등 때 만든 '학습 습관'이 평생을 좌우한다

아이들은 초등학교 입학부터 대입 전까지 무려 12년이라는 시간 동안 오롯이 공부를 업으로 삼아야 한다. 100미터 단거리 경주가 아니라 마라톤을 뛰고 있는 셈이다. 짧은 시간에 승부를 보려고 하면 절대 목적지에 도달할 수 없다. 장시간 지치지 않고 꾸준히 달리는 체력이 있어야만 결승점 통과가 가능하다. 페이스 조절이 관건이란 이야기다.

페이스메이커인 부모가 도와줄 수는 시기는 초등학교까지다. 중학교만 들어가도 상황은 달라진다. 중학생부터는 아이가 얼마나 자기주도적으로 공부하느냐에 따라 성패가 결정된다. 중학교 이전까지 아이 스스로 공부할 수 있는 자기주도학습의 틀을 만들어줘야 한다. 아주 작더라도 실천할 수 있는 계획을 세워줘야 한다. 이것이 바로 엄마주도학습이 필요한 이유다.

아이가 학습 습관을 형성하는 사춘기 전, 그러니까 초등 5학년까지는 '무엇을 공부하는가'보다 '어떻게 공부하는가'가 더 중요하다. 아이의 수준에 맞지 않는 거대한 목표보다 '하루 공부 30분', '하루 학습지 3장 풀기' 등 자녀가 실행할 수 있는 계획이 필요하다. 매일 저녁 이를 체크한 후, 다음 날 아침 아이가 일어나면 '오늘 무슨 공부를 얼마큼 해야 하는지' 인식할 수 있도록 '내일 공부할 양'을 표시해 책상 위에 놓아두자. 매일 아침 눈을 뜨면 밥을 먹는 게 당연한 것처럼, 매일 아침 눈을 뜨면 오늘 공부할 것을 인식하게 만들어라. 강제적 학습 습관을 형성해줘야 한다는 말이다.

웨딩 플래너가 신랑, 신부를 대신해 결혼에 대한 모든 것을 계획하고 관리하며 준비하듯, 엄마는 학습 플래너가 되어 아이의 공부에 관한 모든 것을 계획하고 관리하며 준비해야 한다. 진정한 자기주도학습을 통해 목표를 달성하고 성과를 창출할 수 있도록 자신을 연마할 수 있는 길을 제시해야 한다.

단언컨대 아이가 공부를 못한다는 건 엄마가 게으르다는 소리다. 사교육에 의존하고 공교육을 탓하기 전에 자녀의 공부 방식부터 바꿔야 한다. 처음에는 서로가 피곤하고 힘들겠지만, 일정 시간이 지나고 나면 강제적 학습 습관은 자발적 공부 습관으로 이어지며 나아가 자기주도학습 습관으로 정착된다. 이것이 바로 공부의 근육, 생각의 근육, 나아가 자기주도학습의 습관을 길러주는 지름길이다.

현명한
플래너가 되어라　　　엄마주도학습이 성공적으로 이뤄지기 위해서는 엄마가 아이보다 성실할 필요가 있다. 아이와 함께 학습 계획을 세웠으면 이를 반드시 실천하게 해야 한다. 바쁘고 귀찮다는 이유로, 아이가 제대로 따라주지 않는다는 이유로 엄마가 먼저 포기해서는 안 된다.

"엄마가 오늘은 회사에서 너무 기운을 뺐더니 정신이 하나도 없다. 네가 알아서 잘하고 있지? 검사는 내일 할게."

"이럴 줄 알았어. 뭐 하나 제대로 해놓은 게 없네. 이렇게 다 틀릴 거면 학습지는 뭐하러 푸니? 차라리 다 그만두자, 그만둬!"

아이는 엄마와의 약속을 지키기 위해 최선을 다했는데 엄마가 약속을 어기면 아이도 날마다 공부할 이유가 사라진다.

엄마주도학습을 중도에 포기하는 엄마들을 보면 욕심이 많다는 공통점이 있다. 티칭Teaching도 하고 코칭Coaching도 하려다 보니 스스로 과부하에 걸리는 것이다. 티칭은 단어 그대로 '가르치는 것'이다. 그런데 누군가에게 무언가를 가르치려면 기본적으로 아는 것, 즉 지식이 있어야 한다. 지식에 한계가 오면 티칭은 불가능하다. 실제로 요즘 초등학생 수학책을 보면 엄마들은 말 그대로 '멘붕'이 온다. 어린 시절 배운 단순 연산이 아니라 수의 기초지식을 기반으로 만들어진 스토리텔링 수학이기 때문이다. 자신이 아는 게 없는데 무슨 수로 아이를 가르치겠는가.

가르치는 것은 전문가에게 맡겨라. 엄마보다 잘 가르치는 선생님은 많다. 대신 플래너가 되어 성적 향상, 시험 및 상급학교 진학 준비, 입시 대비 등 각 목적에 맞는 방향성을 찾아줘라. 이것이 바로 입시라는 결승점을 향해 첫발을 내딛는 아이에게 선사할 수 있는 최고의 선물이다.

엄마의
학습 주도권 되찾기

행복은 성적순이 아니라는 말이 있듯 공부가 인생의 전부는 아니다. 자녀교육의 목표가 대학 간판이나 졸업장이 될 수도 없다. 하지만 남들과 똑같은 스펙으로 88만 원 세대가 되거나, 명문대를 졸업하고도 청년 백수로 전전긍긍하는 삶이 과연 행복한 인생이라고 말할 수 있을까?

행복하려면 일이 있어야 하고 경제적인 활동도 해야 한다. 많은 사람과 관계를 맺으며 사회의 구성원으로 당당하게 인정받아야만 행복한 삶을 영위할 수 있다. 어떤 일을 하든 그 자리에서 제 몫을 다하고, 어느 자리에서도 역량 있는 일꾼이 되게 하는 것, 그것이 바로 엄마주도학습의 목표다.

이 책을 출간한 지 벌써 4년이라는 시간이 흘렀다. 그간 많은 교육 정책은 물론 통계자료에도 변화가 있어 이를 업데이트한 개정증보판을 준비했다. 처음에는 다소 강압적인 제목에 거부감을 보이는 독자도 있었지만 책을 읽은 후 왜 제목이 《엄마주도학습》일 수밖에 없는지 이해하게 되었다는 이야기를 듣는다. 자기주도학습이 가능하기 위해서는 엄마가 주도하는 학습 기간이 반드시 필요하다는 것을 이해한 덕분이다. 특히 본 도서에 나오는 '초등 과목별 학습 계획표'를 실천한 아이들이 '자유학기제'

에 빨리 적응하고 특목고를 준비하고 있다고 한다. 많은 독자가 이를 눈여겨보고 꼭 실천해보길 바란다.

교육 컨설턴트라는 직업적인 특성상 다양한 고민을 가진 학부모를 수없이 만난다. 하루가 다르게 변해가는 환경과 교육 정책을 좇아가는 부모 입장에서는 내 아이의 미래가 불안할 수밖에 없다. 처음 이 책을 준비할 당시 사교육에 흔들리고 휘둘리는 부모들에게 도움이 되고자 하는 마음이 컸다. 맹목적으로 성적을 올리는 방법보다 무엇을, 어떻게 가르칠 것인가에 대한 가이드를 주고 싶었다. 그 마음에는 여전히 변함이 없다.

이 책 한 권으로 세상이 뒤집히지는 않겠지만, 아이의 공부와 성적 때문에 불화가 끊이지 않는 가정에는 분명 큰 도움이 되리라 믿는다. 아이와 목소리를 높이는 감정 싸움 대신 서로를 이해하는 대화가 가능하게 될 것이다.

이 책이 나오기까지 많은 분들의 도움이 있었다. 하나하나 인사드리지는 못하지만 짧은 지면을 빌려 감사의 인사를 전한다.

2017 개정증보판을 출간하며,
이미애

차례

CHAPTER 1 엄마주도학습, 어떻게 시작할 것인가?

CHAPTER 4 인덱스가 아닌 데이터를 구축하라

CHAPTER 5 공부는 '그냥 하는 게' 아니라 '되게 하는 것'이다

엄마주도학습,
어떻게 시작할 것인가?

맨땅에 헤딩시키지 말고
공부 전략을 혁신하라

많은 엄마가 자기주도학습을 혼자 공부하는 '독학(獨學)' 또는 '자습(自習)'으로 생각한다. 자기주도학습은 스승 없이 혼자 공부하는 독학을 의미하는 게 아니다. 스스로 배워서 익히는 자습도 아니다. 독학이나 자습이 가능하려면 기본적인 학습(學習)이 되어 있어야 한다. 학습을 하기 위해서는 반드시 누군가로부터 무언가를 배워야 한다. 한마디로 배우고, 익히고, 연습하는 과정이 바로 자기주도학습인 셈이다.

처음부터 스스로
공부하는 아이는 없다

"다른 애들은 가만히 내버려둬도 알아서 책도 읽고 공부도 한다는데, 도대체 우리 애는 스스로 하는 게 없어요. 보다 못해 학습지 좀 풀라고 하면 입이 대문 밖까지 나온다니까요. 할 줄 아는 게 하나도 없으니 걱정도 되고, 어떻게 해야 스스로 하려고 덤빌지 고민이에요."

상담하면서 엄마들에게 가장 많이 듣는 하소연 중 하나다. 학원, 학습지, 과외 등 아이에게 필요한 모든 것을 다 해주는데, 그저 의자에 엉덩이 붙이고 앉아 공부만 하면 되는데, 엄마들은 그걸 왜 못 하는지 도무지 이해할 수 없다고 말한다. 자기들이 나가서 돈을 벌어야 하는 것도 아니고 나라를 구해야 하는 것도 아닌데 어디에 정신이 팔려 있는지 모르겠다는 것이다. 결국 엄마들은 본인 입으로도 인정한 '스스로 할 줄 모르는' '스스로 하려고 하지 않는' 아이를 학원에 집어넣기 바쁘다. 남보다 앞서지는 못해도 뒤처지지는 말아야 한다는 불안감 때문이다.

통계청이 발표한 '2015 한국의 사회지표'에 따르면 2015년도 초중고생 1인당 월평균 사교육비는 24만 4,000원, 중학생 사교육비는 27만 5,000원이다. 하지만 이는 어디까지나 표본 조사 결과일 뿐이다. 실제로 초등학생 월평균 사교육비가 50~100만 원 사이의 가정이 적지 않고 그 이상을 훌쩍 넘기는 경우도 많다. 오죽하면 부모의 노후 자금이 모두 아이들 사교육비로 흘러들어간다는 이야기가 나오겠는가.

이런 엄마의 마음을 아는지 모르는지 아이들은 무사태평이다. 느리더라도 발전하는 모습을 보이면 좋으련만 도무지 성적은 나아질 기미를 보이지 않는다. 책 좀 읽으라고 하면 컴퓨터와 텔레비전, 스마트폰만 들여다보고, 공부 좀 하라고 하면 꽈배기처럼 몸을 꼬며 겨우 책상에 앉아 있다. 이쯤 되면 인내심이 강한 엄마들도 폭발하고 만다. 참을성이 부족한 다혈질 엄마들은 말할 것도 없다.

"그래, 하기 싫으면 하지 마. 어차피 네 인생이야. 요즘 세상에 고졸로 사는 게 무슨 흉이라고. 기술만 잘 배워도 평생 먹고산다더라. 대학 못 가면 내 손해니? 네 손해지. 네 마음대로 해.”

결국 화를 이기지 못한 엄마들은 제풀에 지쳐 아이를 놓아버린다. 얼마 지나지 않아 언제 그랬느냐는 듯 다시 고삐를 잡아매지만 상황은 좀처럼 나아지지 않는다. 아이들은 여전히 언제, 어디서, 무엇을, 어떻게, 왜 해야 하는지 모른 채 고삐만 조여진 상황이기 때문이다.

엄마들이 그렇게 원하는 ‘스스로 공부하는 아이’, 다시 말해서 자기주도학습이 가능한 아이는 어느 날 갑자기 만들어지지 않는다. 엄마들은 아이가 혼자 공부하면 자기주도학습이 이뤄진다고 생각하는데, 이는 크나큰 오해이자 대단한 착각이다.

**자기주도학습은
결코 독학이 아니다**   몇 년 전부터 불어닥친 자기주도학습 열풍이 지금까지 사라지지 않고 있다는 것은 그만큼 자기주도학습이 중요함을 의미한다. 하지만, 다른 한편으로는 역설적으로 자기주도학습법이 그만큼 자리를 잡지 못하고 있음을 의미한다. 자연스레 아이들의 몸에 익은 공부법이 되었다면 굳이 이야기가 더 나올 게 없을 테니 말이다.

아이가 스스로 학습 목표를 세우고, 이를 이루기 위해 다양한 방법을 찾을 뿐만 아니라 학습의 성과마저 좋다는 자기주도학습법! 어린 시절 습관만 제대로 들여놓으면 과외도 필요 없고, 바람결에 나뒹구는 낙엽처럼 시시때때로 뒤집히는 입시 정책에도 흔들리지 않고 원하는 대학에 갈 수 있다고 하니 엄마들에게 이보다 매력적인 공부법은 없다. 그래서 "내가 학원을 안 보내줬니, 과외를 안 시켜줬니. 지금까지 푼 학습지만 제대로 공부했어도 전교 1등을 하겠다. 다 네 노력 부족이야. 뭘 좀 혼자 알아서 하는 맛이 있어야지. 지금부터 네가 혼자 해봐. 다른 애들은 다 스스로 잘하더라!"라는 말이 나오는 것이다.

문제는 어린 시절부터 학원이나 과외 혹은 교재로부터 배우는 게 익숙한 아이들은 아무리 좋은 학원에 등록시켜도 스스로 공부하지 못한다는 데 있다. 여기서 중요한 것은 공부를 '안 하는 게' 아니라 '못 한다'는 것이다. 태어나 단 한 번도 스스로 공부하는 방법을 배우지 못한 탓이다.

많은 엄마가 자기주도 학습을 혼자 공부하는 '독학獨學' 또는 '자습自習'으로 생각한다. 자기주도학습은 스승 없이 혼자 공부하는 독학을 의미하는 게 아니다. 스스로 배워서 익히는 자습도 아니다. 독학이나 자습이 가능하려면 기본적인 학습學習이 되어 있어야 한다. 그리고 학습을 하기 위해서는 반드시 누군가로부터 무언가를 배워야 한다.

옹알이하던 어린아이가 부모로부터 '엄마, 아빠'라는 말을 배우고, 'ㄱ, ㄴ, ㄷ'을 거쳐 '가, 나, 다'를 익히고, 끼니마다 엄마가 먹여주던 것에서 벗어나 스스로 숟가락질을 연습하듯 공부 역시 '제대로 하는 방법'을 배워야 한다. 한마디로 배우고, 익히고, 연습하는 과정이 바로 자기주도학습인 셈이다.

사교육주도학습 vs
엄마주도학습

흔히 우리가 말하는 자기주도학습은 아이 스스로 공부의 목표와 구체적인 계획을 세우고 실천하는 것을 의미한다. 스스로 목표를 설정하고, 이를 이루기 위해서 어떤 공부를 해야 하는지 고민하고, 그에 맞는 방법을 찾는 과정이 바로 자기주도학습이다. 따라서 아이의 수준을 객관적으로 평가, 분석하고 이에 맞는 공부 계획을 세우는 일이 무엇보다 중요하다.

그런데 아이 스스로 목표를 세우고 공부 방법을 찾는 게 말처럼 쉬운 일은 아니다. 성인도 쉽지 않은 일련의 과정을 아이 스스로, 혼자 할 수 있다고 생각한다면 그야말로 어불성설이다.

[표 01] 학습의 유형과 특징

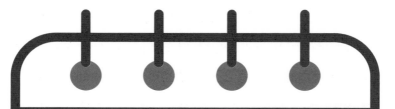

종류	학생의 특징	비고
엄마주도학습	• 순종적, 타협적, 한계적 학습 • 공부 습관 만들기 (5세~초등) • 자기주도학습으로 연결	• 사춘기 극복 • 부모 자녀 관계 (화목) • 학습에 대한 흥미 유발
사교육주도학습	• 의존적, 습관적, 모방적 학습 • 점수, 석차에 집중 • 꼭 필요한 부분만 수강	• 부모의 불안 • 시켜서 하는 공부 • 전략적 활용 필요
자기주도학습	• 자발적, 계획적, 창의적 학습 • 복습이 매우 중요 • 끝까지 최선을 다 하려는 마음 • 꿈을 이루려는 마음	• 과목의 호불호 • 끈기와 열정 • 부모의 적절한 관리 • 중요한 입시전략

아이를 가장 잘 아는 건 엄마다. 따라서 아이에게 효율적인 공부 방법, 공부의 양, 지속 시간 등 아이가 스스로 파악하지 못하는 부분을 엄마가 체크해야 한다. 이를 토대로 내 아이에게 맞는 학습법을 찾은 후 눈에 보이지 않는 안내자가 되어야 한다. 세상에서 아이의 인생에 대해 끊임없이 생각하고, 수없이 고민하며, 쉼 없이 번민하는 사람은 엄마밖에 없다. 아빠나 조부모 등 집안의 다른 어른들 역시 아이의 미래를 걱정하지만 엄마만큼 절실하고 절박하게 내 아이의 내일을 걱정하지는 않는다.

학원이나 과외 선생도 마찬가지다. 아이의 성적을 올리기 위해 최선을 다하지만 그들에게 내 아이는 그저 수많은 학생 중 한 명일 뿐이다. 언제 다른 배움터를 찾아 떠날지 모르는 아이들의 미래를 진정성 있게 고민할 사람은 그리 많지 않다. 그러므로 학원 강사나 과외 선생이 주도하는 사교육주도학습이 되기 전에 반드시 엄마주도학습이 먼저 이뤄져야 한다.

"내가 너 때문에 못 살아 정말!"

"네 인생이니까 네 마음대로 해. 엄마는 이제 상관하지 않을 거야!"

엄마들이 아이에게 이와 같은 반 협박성 멘트를 날리는 것은 안타까움 때문이다. 아이가 조금만 노력하는 모습을 보이면 최선을 다해 뒷바라지할 수 있는데, 자신의 마음을 몰라주니 원망이 터져 나오는 것이다. 문제는 엄마들의 안타까움과 애달픔이 커질수록 아이들과 거리가 멀어진다는 데 있다. 엄마의 마음을 알 수 없는 아이들은 엄마의 잔소리를 이유 없는 분노라고 인지하고 자신을 화풀이 대상으로 삼는다고 오해한다.

자, 이쯤에서 다시 한 번 생각해보자. 우리가 자녀교육에 그렇게 애쓰는 이유는 단 하나, 아이가 좋은 대학에 가서 좋은 직장을 잡고 안정적이고 행복한 인생을 살게 하고 싶어서다. 최소한 나보다는 나은 삶을 살기를 바라는 마음에서다. 그렇다면 방법을 바꿔야 한다. 화내고, 윽박지르고, 어르고, 달래서 억지로 책상 앞에 앉혀 나온 성적은 진짜가 아니다.

사람마다 각자의 특징과 성향이 있다. 아이들 역시 제 나름의 특성이 있다. 능동적인 아이, 수동적인 아이, 생각이 많은 아이, 경쟁을 즐기는 아이, 경쟁을 싫어하는 아이, 시키는 것만 하는 아이, 느린 아이, 주도적인 아이 등 개개인의 특성을 먼저 파악해야 한다. 이러한 성향도 파악하지 못한 채 엄마주도하에 학원을 보내면 아이는 발에 맞지 않은 신발을 신은 사람처럼 불편함을 느낄 수밖에 없다.

아이의 성향을 파악했으면 접근 방법, 그중에서도 대화법을 전략적으로 수정할 필요가 있다. 아이를 좌절시키는 말과 성장시키는 말은 분명 다르다. 아이의 자존감, 아이의 사회성, 아이의 정서지능 등 요즘 자녀교육의 화두가 되는 키워드 모두가 엄마의 말 한마디에 좌우된다고 해도 과언이 아니다. 오죽하면 아이의 인생이 부모의 대화법에 달려 있다는 말이 있겠는가.

**나와 다른 아이,
어떻게 이해해야 할까?**　　엄마들은 말한다. 자녀교육이 흡사 전쟁과도 같다고, 자신도 모르게 분노해서 아이에게 고함을 지르고 비난과 비판을 퍼부어대는 고통스러운 상황에서 벗어나고 싶다고, 화내고 후회하기보다는 화내지 않고 승리하는 방법을 찾고 싶다고 말이다.

갈등과 충돌 없이 관계를 변화시키고 싶다면 우선 아이와의 대화 패턴을 살펴볼 필요가 있다. 대부분의 엄마는 어르고 달래는 마음으로 아이에게 공부를 권유한다. 컴퓨터에 빠진 아이는 입으로만 "알았다"라고 대답한다. 잠시 후 엄마가 다시 한 번 타이른다. 아이는 입을 삐죽거리며 불만을 표시한다. 엄마의 미간이 좁아진다. 분위기가 심상치 않음을 감지한 아이가 책상에 앉는다.

얼마의 시간이 흐른 후 엄마는 아이가 공부한 것을 검토한다.

숙제는 제대로 되어 있지 않고 학습지 문제는 오답투성이다. 화가 난 엄마는 '왜 숙제를 제대로 하지 않았느냐', '이 문제는 지난주에도 풀었던 것 아니냐'라며 목소리를 높인다. 아이는 고개를 숙이고 입을 다문다. 결국 '도대체 너는 뭐가 되려고 이러느냐'라는 엄마의 일방적인 잔소리로 대화는 종료된다.

이 같은 대화 패턴은 '분노의 습관화'를 만들고, 아이를 화풀이 대상으로 인식하게 만든다. 아무리 냉정하게 생각하고 이성적으로 판단하려고 해도 화를 돋우는 원인을 아이에게서 찾고, 분노를 질책으로 퍼부어야만 대화가 종료되는 악순환에 빠지게 되는 것이다. 엄마도 사람인지라 심리적으로 극도의 흥분 상태에 빠지면 상황을 객관적으로 파악하고 행동하기 쉽지 않다. 하지만 하루라도 빨리 이러한 자신을 다스리지 않으면 세상에서 가장 소중한 아이와의 관계가 한순간에 무너질 수도 있다는 사실을 깨달아야 한다.

공부할 마음은 없고, 엄마의 눈치는 보이고, 할 일도 없는데 책상에 앉아 시간을 죽여야 하는 아이 역시 괴롭기는 마찬가지다. 화를 내지 않고 아이를 설득하고, 소리 지르지 않고 아이의 학습 습관을 교정하고 싶다면 현실을 직시하고 냉정하게 상황을 설명해주는 게 낫다. 자기주도든 엄마주도든 학습의 목표는 결국 '아이 스스로 공부하게 만드는 것'에 있으니까 말이다.

만약 아이가 약속한 학습지를 풀지 않았다면, "야! 너 학습지 다 풀었어? 오늘 하기로 약속했잖아!"라고 윽박지르기보다는 "아이고, 벌써 10시네. 11시에 자려면 남은 1시간 동안 학습지 풀어놓자. 내일 선생님 오시는 날이잖아. 오늘 하지 않으면 내일 더 힘들 텐데, 자기 전에 잠깐이라도 보는 게 좋지 않을까?"라며 좋은 말로 아이를 설득하라.

전문 산악인들은 일정 고도 이상의 산에 올라 산소가 부족한 순간이 오면 의도적으로 숨을 내쉬라고 말한다. 등반 경험이 없는 일반인들은 본능적으로 가쁜 숨을 몰아쉬며 조금이라도 많은 산소를 들이마시려고 애쓰지만, 살기 위해서는 반대로 숨을 내쉬어야 한다. 숨을 내쉬는 만큼 더 많은 산소가 몸속으로 유입되기 때문이다. 무언가 절실하게 필요하면 움켜쥐려고 하는 게 사람 심리다. 하지만 진짜 원하는 것을 얻으려면 때로는 주먹 쥔 손을 펴는 지혜가 필요하다. 아이와의 관계에서는 더욱 그렇다.

당신은
어떤 엄마인가?

아이의 성공을 원하는 엄마인가, 행복을 바라는 엄마인가? 아이의 자존감을
중요하게 생각하는 엄마인가, 자신의 자존심을 중요하게 생각하는 엄마인가?
극성스러운 엄마인가, 열성적인 엄마인가? 공부 잘하는 아이이기를 바라는
엄마인가, 그저 건강한 아이이기를 바라는 엄마인가? 자신의 생각을 강요하
는 엄마인가, 아이를 존중하는 엄마인가? 차가운 엄마인가, 따뜻한 엄마인가?
명령하는 엄마인가, 설득하는 엄마인가? 비교하는 엄마인가, 기다리는 엄마
인가?

무엇이
행복을 결정하는가?

얼마 전 상담실을 찾은 엄마는 남부러울 게 전혀 없어 보였다. 엄마 본인은 변호사고 남편은 의사인데다가 아들 셋 중 이미 두 명은 SKY대에 진학했기 때문이다. 그런데 어쩐 일인지 엄마의 입에서는 불평만 쏟아져 나왔다.

"선생님, 우리 집안에 저런 머리가 없는데 창피해 죽겠어요. 비싼 과외 선생님도 붙여봤지만 성적이 좀처럼 나아지지 않네요. 어쩌다 우리 집안에 이런 골칫덩어리가 생겼는지, 쟤만 생각하면 머리가 다 지끈거려요."

엄마의 두통을 유발하는 고등학생 막내아들은 전교 10등 안에 들 정도로 공부를 잘하는 아이다. 그럼에도 집안의 골칫덩어리가 된 이유는 단 하나, 부모가 전교 1등을 바라고 있기 때문이었다. 이런 가정에서 자란 아이에게 가족은 안타깝게도 엄청난 공포와 스트레스로 다가온다. 아무리 노력해도 형들의 성적을 따라갈 수 없는 아이에게 "너는 왜 그것밖에 안 되느냐"라는 부모의 질책은 곧 아이의 인생을 묶는 족쇄가 된다.

미국 한 대학의 조사 결과에 따르면 아이가 태어나서 다섯 살이 되기 전까지 부모에게 듣는 질책이 최소 4만 번에 이른다고 한다. 이는 한 달 평균 666번, 하루 22번에 해당하는 엄청난 양이다.

"넌 왜 그렇게 한심하니?", "아무짝에도 쓸모없는 놈!", "네가 하는 게 다 그렇지, 뭐"와 같은 말들이 바로 아이의 발목을 묶는 족쇄다. 아이는 결국 부모가 한계 지어놓은 그대로 '아무짝에도 쓸모없는 한심한 사람'이 되어 버린다.

태국에서는 코끼리가 태어나면 다리에 쇠사슬로 만든 줄을 묶고 이를 기둥에 걸어놓는다. 답답함을 느낀 새끼 코끼리는 쇠사슬에서 벗어나기 위해 안간힘을 쓰지만, 얼마 지나지 않아 자신의 힘으로 어쩔 수 없다는 사실을 깨닫게 된다. 그리고 덩치가 집채만 한 성인 코끼리가 되어서도 여전히 쇠사슬에 묶여 지낸다. 쇠사슬이 아니라 기둥도 거뜬히 뽑을 수 있는 힘을 가졌지만, 쇠사슬을 풀 수 없다고 생각한 결과다. 결국 코끼리는 쇠사슬이 아니라 자신이 만든 한계선에 묶여 있는 셈이다.

우리 아이들도 마찬가지다. 아무리 많은 가능성을 가진 아이라도 부모가 이를 인정하지 않고 '능력이 부족한 아이'라는 족쇄를 채워버리면, 아이는 코끼리처럼 자신의 능력을 의심해 '가능성' 자체를 고려하지 않게 된다.

이와 반대로 아이의 무한한 잠재력을 찾아주는 부모도 있다. 얼마 전 어느 모임에서 전업주부인 한 엄마를 만났다. 이 엄마에게는 고등학교 1학년인 3대 독자가 있는데 어쩐 일인지 대학 진학에는 별 관심이 없다고 한다. 방랑자 기질이 가득해 주말이면 전국 각지를 돌며 좋아하는 사진 찍기 바쁘다는 것이다.

"선생님, 우리 애가 이번 주말에 강원도에서 너와집을 찍어왔어요. 너무 멋있고 기특하지 않아요? 아무래도 작가적 소질이 다분한 것 같아요."

자신의 스마트폰에 저장해놓은 아들의 작품 사진을 보여주는 엄마의 표정이 밝다. 아이를 있는 그대로 인정하는 부모에게서 볼 수 있는 표정이다.

엄마들에게 행복의 조건이 무엇이냐 물어보면 공통적으로 몇 가지 단어를 떠올린다. 사람마다 다르겠지만 강남에서는 몇 가지 특정 단어가 행복지수를 결정하는 듯하다. 나는 이 단어들로 '행복의 삼각형'을 이야기해보려 한다.

각자의 머릿속에 삼각형을 그려보자. 이 삼각형의 첫 번째 변은 '경제력'이다. 부모에게서 물려받은 유산, 자수성가해서 이룬 부, 부동산이나 주식 등 재테크로 부풀린 돈 등이 여기에 해당한다. 돈은 아무리 벌어도 충분하지 않다고들 하는데 아이가 생기면 더욱 그런 느낌을 받는다. 마음먹기에 따라서 아이 교육에 들어가는 비용이 무한대가 될 수도 있기 때문이다.

두 번째 변은 '명예'다. 주로 부모의 학식이 높은 가정일수록 명예에 큰 의미를 두는 것 같다. 대치동에는 의사, 판사, 변호사, 변리사, CEO 등 전문직 종사자들이 워낙 많다 보니 오히려 타 지역보다 명예의 절대가치는 떨어지는 편이다.

그럼에도 유독 명예에 집착하는 가정이 있다. 조부모가 물려준 유산으로 먹고살 걱정은 없으나 남편이 실직 상태에 있거나, 부동산 임대업을 하면서 살아가는 집들이 바로 그렇다. 가정 형편은 걱정 없으니 내 아이만은 남들이 알아주는 번듯한 직업을 갖기를 바라는 것이다. 안타깝게도 아이의 행복이나 미래를 생각하기보다는 단순히 집안의 명예를 위해 자녀교육에 힘을 쓴다고 볼 수 있다.

세 번째 변은 '교육'이다. 예전에는 대학 입시로 자식 농사의 결과를 평가했는데, 요즘은 국제중, 특목고 때문에 초등학교 때부터 입시 전쟁이 시작된다. 그래서 대치동에서는 이번 시험에

서 어느 집 아이가 1등을 했는지, 어느 집 아이가 특목고, 명문
대에 합격했는지가 중요한 이슈 중 하나다.

불안한 엄마보다는
부족한 엄마가 낫다
돈, 명예, 교육 어느 것 하나 인생에
서 빠질 수 없이 중요한 문제다. 그리고 어느 쪽에 힘을 싣느냐
에 따라 삼각형의 크기나 모양은 제각각일 수밖에 없다. 우리 집
이 정삼각형 모양이 아니라고 해서 상심하거나 낙담할 필요는
없다는 이야기다.

상담을 거쳐간 첫 번째 가정은 자녀가 대한민국 최고의 학부
에 합격하고 남편도 대기업 임원으로 근무하는데 정작 내 집을
마련하지 못해 여전히 전세로 살고 있다. 이런 경우 명예와 교육
의 변은 길고 돈의 변은 짧은 삼각형이 되는데, 돈을 좇다 주변
에 놓인 다른 행복들을 놓치는 경우가 있으니 주의해야 한다.

두 번째 가정은 남편은 병원을 운영하는 병원장이고 조부모
에게 물려받은 유산도 있어 경제적으론 윤택한데, 막상 자녀가
공부를 못해 서울 소재의 대학이라도 보낼 수 있을까 고민하고
있다. 이런 경우 명예와 돈의 변은 길고 교육의 변은 짧은 삼각

형이 되는데, 공부만 강요하다 가족 관계가 망가지는 경우가 있으니 주의해야 한다.

마지막 가정은 일찌감치 재테크로 성공하고 자녀도 특목고에 갔는데 정작 남편은 별다른 직업 없이 임대업으로 살아가고 있다. 이런 경우 돈과 교육의 변은 길고 명예의 변이 짧은 삼각형이 되는데, 명예에 대한 과한 집착이 주변 사람들과 문제를 만드는 경우가 있으니 주의해야 한다.

만약 모든 것을 다 갖춰 정삼각형의 모양을 가졌다고 해도 식구들이 건강하지 않으면 그 모양은 금세 변형된다. 부유한 가정환경을 기반으로 자녀교육에 열정적이던 엄마가 마흔 무렵에 큰 병을 얻기도 하고 멀쩡히 직장에 다니던 남편이 갑자기 뇌출혈로 쓰러져 병원 신세를 지는 가정도 있다. 조부모가 편찮으셔서 주말마다 자식들이 돌아가며 병간호에 나서는 집도 많다. 이처럼 우리의 인생은 많은 변수를 동반한다. 아무리 가진 게 많아도 있는 것에 만족하지 못하면 절대 행복할 수 없다.

그런데 남편의 직업이 특별한 것도 아니요, 아이가 공부를 잘하는 것도 아니요, 그렇다고 아파트 평수가 넓은 것도 아닌데, 유난히 얼굴에 윤기가 흐르고 웃음이 떠나지 않는 엄마들이 있다. 남들보다 뭐 하나 더 가진 게 없는데도 늘 행복한 얼굴이니 그 비결이 궁금하지 않을 수 없다.

이 집안의 삼각형 내부에는 '건강'이 들어 있다. 그리고 '화목'이라는 행복 에너지가 삼각형 전체를 감싸고 있다. 돈이 많지도 않고 자식이 공부를 못해도 식구들이 건강하다는 이유만으로 행복한 것이다. 갖지 못한 것에 욕심을 부리고 결핍을 느낀다면 정작 본인이 가지고 있는 소중한 것들을 깨닫지 못한 채 재미없는 인생에 남편 탓, 자식 탓만 하게 된다.

엄마가 설거지하면서 콧노래 부르는 집은 행복한 집이다. 이런 엄마들은 아이가 공부를 못해도 '다른 재주가 있겠지. 공부는 조금 못하지만 주위를 둘러볼 줄 알고 예의가 바르잖아'라며 아이의 장점을 먼저 본다. 남편의 경제력이 좀 부족해도 나이 오십이 넘도록 건실하게 일하는 것을 고맙게 생각한다. 식구들과 거실에 둘러앉아 신문지를 펼쳐놓고 삼겹살을 구워 먹는 시간에 감사하고, 자판기 커피 한 잔에도 따뜻한 행복을 느낀다.

당신은 아이의 성공을 원하는 엄마인가, 행복을 바라는 엄마인가? 아이의 자존감을 중요하게 생각하는 엄마인가, 자신의 자존심을 중요하게 생각하는 엄마인가? 극성스러운 엄마인가, 열성적인 엄마인가? 공부 잘하는 아이이기를 바라는 엄마인가, 그저 건강한 아이이기를 바라는 엄마인가? 자신의 생각을 강요하는 엄마인가, 아이를 존중하는 엄마인가? 차가운 엄마인가, 따뜻한 엄마인가? 명령하는 엄마인가, 설득하는 엄마인가? 비교하는 엄마인가, 기다리는 엄마인가?

　모든 것을 다 가지고도 불안한 엄마보다는 조금 부족하더라도 여유 있는 엄마가 낫다. 아이를 몰아치는 완벽한 엄마보다는 조금 덤벙대고 서툴러도 시간을 가지고 아이를 기다릴 줄 아는 느린 엄마가 낫다. 완벽함을 추구하는 엄마들은 아이를 자신의 틀 속에 가두고 단 한 발자국도 벗어나는 것을 허용하지 않는다. 자신의 계획이 틀어지면 불안해하고, 자신의 분노를 끊임없는 잔소리와 억압으로 표출해 아이들에게 씻을 수 없는 상처를 주기도 한다.

무지막지한 잔소리꾼

_통제형 엄마　　　　　　평생을 자녀 주위에서 맴돌며 아이의 일이라면 무조건 발 벗고 나서는 엄마들이 있다. 마치 요람에서 무덤까지 아이의 인생을 책임질 것처럼 행동하는 이런 엄마를 '헬리콥터 맘'이라고 부른다.

　얼마 전 한 대기업의 면접장에서 실제 있었던 일이다. 스펙이 좋은 면접자의 입사 지원서를 천천히 살펴보던 면접관이 이런저런 질문 끝에 다음과 같이 물었다.

"자네, 어머니는 뭐하시나?"

"네? 저희 엄마요? 지금 복도에서 기다리고 계십니다."

아이의 일거수일투족을 관리 감독하는 헬리콥터 맘들은 자녀의 행동을 지적하고 고쳐주는 데 모든 에너지를 쏟는다. 아이의 머리부터 발끝까지 자신의 마음대로 조종하려는 '통제형 엄마'다. 이런 엄마들은 매사에 예민하고 신경질적이다. 생활 습관, 학습 태도, 말투 등 자녀의 모든 행동이 마음에 들지 않으니 사사건건 잔소리가 나올 수밖에 없다. 오죽하면 아이들이 엄마를 '잔소리 작렬'이라는 말로 표현하겠는가.

통제형 엄마들이 잔소리가 심한 이유는 아이가 미숙하고 부족하다고 느끼기 때문이다. '부모는 자녀에게 절대적으로 윗사람이다', '가르쳐줄 게 많으므로 아이의 일에 최대한 개입해야 한다', '아이의 응석에 칭찬보다는 꾸중으로 대응해 아이를 올바른 길로 인도해야 한다'라는 생각이 강해 아이를 믿고 기다리지 못한다. 아이를 물가에 내놓은 것처럼 매사 불안해하며 자신의 손으로 이끌어야만 안전하다고 생각한다. 그래서 아이들이 자신이 쳐놓은 울타리에서 단 한 걸음이라도 벗어나면 당장 지구가 두 쪽이 날 듯 극성을 떤다.

이는 정성이 아닌 극성이다. 아이들의 눈이 아닌 엄마의 눈으로, 아이들의 언어가 아닌 엄마의 언어로, 아이들의 꿈이 아닌 엄마의 꿈으로 아이들을 '사육'하면서도 끝까지 그것이 '올바른 양육'이라고 믿는다.

통제형 엄마 밑에서 자란 아이들은 바보스러울 정도로 순종적이거나 반대로 무서운 반항아로 성장하는 경우가 많다. 엄마 말이라면 무조건 수긍하던 아이가 사춘기가 되어 갑자기 반항을 시작하면 엄마들은 큰 충격을 입는다. 자신의 손짓에 따라 움직이던 꼭두각시 인형의 줄이 끊어져버렸으니 그야말로 미치고 팔짝 뛸 노릇이다. 결국 배신감에 상처 입은 엄마들은 '너 죽고 나 죽자'라며 아이와 힘겨루기에 들어가거나 '넌 더 이상 내 자식이 아니다'라고 포기해버리고 만다.

통제형 엄마들의 가장 큰 문제점은 자녀의 자율성을 침해한다는 것이다.

"선생님 이건 어떻게 하는 거예요? 엄마에게 물어볼까요?"

강압적인 통제형 엄마 아래서 성장한 아이들은 끊임없이 엄마의 눈치를 보며 주변의 분위기를 살핀다. 엄마의 지나친 간섭이 아이의 판단력과 문제해결력을 방해하여 일상에서의 작은 선택조차 힘들어하는 아이로 만들어버리는 것이다.

엄마들의 열정적인 에너지가 부정적인 방향으로 흐르면 폭언이나 폭력으로 표출되기도 하는데, 이때 엄마의 공격적인 행동이나 비판은 아이의 자존감을 훼손하는 지름길이다.

"야! 너 또!"

"네가 하는 게 다 그렇지 뭐."

"넌 도대체 잘하는 게 뭐냐?"

"무슨 애가 만날 그 모양이야?"

"내가 너 그럴 줄 알았다."

"그래 가지고 대학이나 갈 수 있겠니?"

"저거 밥이나 먹고살 수 있을까 몰라."

통제형 부모 밑에서 자란 아이들은 자연스럽게 경험하고 도전해야 할 과제들을 접하지 못한다. 도전과 실패, 경험과 반성은 성장하는 아이들이 누려야 하는 특권이다. 그런데 통제형 부모는 아이의 무릎이 깨지거나 다리가 부러질까 걱정해 자전거를 타지 못하게 한다. 그저 '위험하다'라는 이유로 부모가 아이의 경험을 빼앗는 것이다. 부모라고 해서 아이의 인생과 시간을 빼앗을 권리는 없다. 단지 주의사항만 일러주고 뭐든지 스스로 경험하게 해야 한다.

부모는 아이의 일을 대신 해주는 대리인이 아니라, 길을 안내하고 지켜보는 든든한 후견인의 역할로 충분하다는 사실을 인정하자. 그것이 바로 내 아이를 올바른 성인으로 성장시키는 지름길이다.

아이 공부가 곧 내 공부

_교육형 엄마   내가 강연에서 자주 사용하는 우스갯소리가 하나 있다. '강남 엄마의 스타일'이라는 이야기인데 그 내용은 다음과 같다.

자녀가 학교에서 돌아와 "엄마, 공부가 어려워요"라고 투정하면 화장하고 있던 압구정 엄마는 "네가 유학 갈 때가 되었구나"라고 반응하고, 시댁에 다녀온 서초동 엄마는 법조인 남편을 기다리며 "아빠 오면 물어봐"라고 대답한다. 반면 부엌에서 저녁을 준비하던 대치동 엄마는 바로 달려와 "몇 단원, 어디가 어려운데?"라며 교과서부터 들여다본다. 이 이야기에 등장하는 대치동 엄마가 바로 자녀와 함께 공부하려고 하는 전형적인 '교육형 엄마'의 모습이다.

교육형 엄마 아래서 성장한 자녀는 부모의 양육 태도에 따라 크게 '평가 목표형'과 '학습 목표형'으로 나눌 수 있다. 먼저 평가 목표형은 아이의 노력보다는 평가 그 자체에 의미를 두어 점수와 석차, 시험 결과 등을 강조하는 경우가 많다. 학습의 과정이나 단계보다는 그 결과를 중심으로 평가하는 것이다. 예를 들면 평가 목표형 부모들은 자녀가 학교에서 돌아와 "엄마, 나 100점 맞았어"라고 자랑스럽게 말해도 "너희 반에 100점이 몇 명이니?"라는 식의 대답을 한다. 칭찬을 기대하던 아이는 서운할 수밖에 없다.

성적 향상이라는 결과만 좇다보면 아이의 성장이라는 소중한 과정을 못 보게 된다. 맹목적으로 명문대 입학이라는 목표만 향해 간다면 아이와 제대로 된 교감을 나눌 수 없다. 다시 한 번 말하지만 엄마들이 좋은 성적을 바라는 이유는 바로 내 아이의 행복한 삶을 위해서라는 사실을 잊지 말아야 한다. 현재 아이도, 엄마도 행복하지 않다고 느낀다면 분명 자녀교육의 방향 설정이 잘못된 것이다.

평가 목표형 부모 아래서 성장한 아이들은 조금만 어려운 문제에 부딪히면 지레 겁을 먹고 쉽게 포기한다. 쉬운 문제에서 100점을 맞으면 자신의 똑똑함을 증명할 수 있지만 어려운 문제에 도전해 실패하면 자신의 어리석음이 들통 날까 봐 도전을 포기하고 몸을 사린다. 어린 시절부터 최상, 최고가 아니면 비난받고 꾸중을 들었기 때문이다.

어린 시절 피아노나 기타, 드럼 등 악기를 잠시라도 다뤄본 아이들은 어른이 되어서도 이에 대한 열등감이나 후회가 없다. 악기를 전문가처럼 다루지는 못하더라도 이미 경험해봤기 때문에 최소한 해보지 못한 아쉬움은 남지 않는다.

게다가 온몸으로 부딪쳐가며 배운 지식은 무작정 외운 지식보다 오래가는 법이다. 음식을 만들 때도 레시피를 백 번 외우는 것보다 단 한 번이라도 프라이팬을 손에 들고 직접 요리해보는 게 낫지 않은가.

자신이 평가 목표형이라고 생각된다면 지금부터라도 아이들에게 결과보다 과정을 중시하고 경쟁보다 경험이 중요하다는 사실을 인식시켜줘야 한다. 실패하더라도 도전하는 과정 자체가 가치 있다는 사실을 알려줘야 한다. 이것이 바로 평가 목표형 부모가 아이들에게 생각의 균형을 잡아줄 수 있는 유일한 방법이다.

반면 학습 목표형은 부모가 학습의 결과보다 노력과 도전 등 과정을 중심으로 평가하는 경우가 많다. 그래서 학습 목표형 아이들은 학습을 하고 목표를 이루는 과정에서 만족감을 느낀다. 행여 실패하더라도 자신의 실수를 인정하고 재도전하려는 의지를 불태운다. 특유의 낙천적인 성격으로 자신감을 유지하고 역경을 딛고 이겨낸 자신을 자랑스럽게 여긴다.

이에 학습 목표형 아이들은 초등학교 때 성적이 조금 떨어지더라도 뛰어난 사회성과 학습력으로 중고등학생 때 비약적으로 발전하는 경우가 많다. 많은 엄마들이 그렇게 원하고 바라는 자기주도학습이 가능한 아이로 성장하는 것이다.

선택과 책임을
동시에 부여한다

_자율형 엄마

상담을 하다 보면 의외로 방임과 자율을 구분하지 못하는 엄마들을 자주 만나게 된다. 방임은 아이를 돌보지 않고 제멋대로 자라게 내버려두는 것이고, 자율은 타인의 명령에 의존하지 않고 규칙과 규범에 맞는 객관적인 원칙 안에서 아이를 자유롭게 두는 것이다.

예를 들어 국제중, 특목고에 합격한 후 기숙사에서 생활하는 아이들은 부모의 통제에서 벗어나 있다. 하지만 자기주도학습 역량이 뛰어난 편이라 부모가 아이를 자율적으로 둬도 큰 문제가 없다.

반면 주위가 산만하고 성적이 최하위권이어서 반드시 관심과 지도가 필요함에도 불구하고 부모의 방임 아래 방치되는 아이들도 있다. 부모가 교육 자체에 큰 관심이 없고 아이에 대한 기대치도 적은 경우다. 이처럼 스스로 공부하는 아이를 믿고 맡기는 것은 자율이요, 부모가 바쁘거나 무관심해서 아이 스스로 자랄 수밖에 없는 환경은 방임인 것이다.

자율형 엄마들은 어떠한 문제를 만났을 때 자녀가 스스로 해낼 것을 믿어 의심치 않는다. 아이를 통제하고 억압하는 것은 자녀의 기를 죽이는 일이라 생각하여 웬만하면 간섭하지 않고 내버려둔다.

자율과 방임은 종이 한 장 차이다. 만약 자율형 엄마가 되고 싶다면서 아이가 몇 학년 몇 반인지, 누구와 친한지, 무엇을 고민하는지 전혀 알지 못한다면 아이를 방임하고 있는 것이다. 자녀교육에 지나칠 정도로 무관심한 엄마들은 이렇게 이야기하기도 한다.

"선생님, 저도 아이에게 좋다는 건 이것저것 다 해봤죠. 물론, 아이가 원하는 것에 한해서요. 그런데 비싼 학원비만큼 성적이 오르지는 않더라고요."

결국 '그래, 대학 가는 아이들은 정해져 있어. 벌써부터 싹수가 노란데 괜히 기운을 빼서 뭐하나. 자기 인생 자기가 알아서 사는 거지, 뭐'라고 자기합리화를 하며 생업이나 취미생활에 몰두하게 되는 것이다.

이럴 때 자칫 아이들은 부모의 무관심에 버려졌다는 좌절감을 느낄 수도 있다. 부모의 관심을 끌기 위해 일부러 말썽을 피우거나 자신의 편은 아무도 없다는 생각에 극심한 우울감에 빠지기도 한다. 부모의 방임 아래 제멋대로 자란 아이들의 문제점은 이것만이 아니다. 단 한 번도 규율이나 규범 속에서 생활해보지 못한 아이들이 갑자기 학교나 학원, 또래 커뮤니티에 속하게 되면 쉽게 적응하지 못한다. 자신에게 쏟아지는 관심을 구속이라고 생각해 트러블 메이커가 되거나 반대로 아웃사이더가 되기 쉽다. 성인이 되어서도 조직생활에 큰 혼란을 느끼는 경우가 많다.

아이를 자유롭게 창의적으로 키우는 것은 중요한 일이다. 하지만 아이들은 기본적으로 엄마의 따뜻한 사랑과 보호가 필요한 존재다. 엄마 자신의 성향이 자율형에 가깝다고 해도, 자녀가 아직 부모의 보호가 필요한 어린아이라면 적절한 관리가 필요함을 절대 잊지 말아야 한다.

승리의
전략을 제시한다
_코치형 엄마
능력이 뛰어나고 자녀교육에 열성적인 엄마라고 해도 자신의 양육 방식에 의구심을 가질 수 있다. 주변에 교육 컨설턴트를 능가하는 전문가 엄마도 많은 데다 언론이나 책을 통해 연일 새로운 육아 방식이 쏟아지고 있기 때문이다.

나는 이런 엄마들에게 코치형 부모가 되라고 조언한다. 결국 인생이라는 커다란 경기장 안에서 선수로 뛰는 것은 자녀고, 부모는 경기장 밖에서 효율적이고 성공적으로 경기를 뛸 수 있도록 살펴주는 코치 그 이상은 될 수 없기 때문이다.

아이와 함께 밤 새워서 시험공부를 할 수는 있지만 엄마가 시험장에 대신 들어갈 수는 없다. 아이가 아프면 밤새 간호하고 병원에 데려갈 수는 있지만 엄마가 대신 아파줄 수도 없는 일이다. 축구나 농구, 배구 등 스포츠 경기에서도 코치가 직접 경기를 뛰는 일은 없다. 땀을 뻘뻘 흘리며 경기장을 누비는 선수들 개개인의 장단점을 파악해 경기에서 승리할 수 있는 전략을 제시할 뿐이다.

코치형 엄마는 자녀를 사랑하고 교육시키는 면에서는 교육형 엄마와 같지만, 부모가 본인과 자녀의 차이를 인정하고 아이 스스로 문제를 헤쳐나갈 수 있게 도와준다는 면에서는 차이를 보인다.

축구 경기에서 공격수가 공을 넣지 못했다고 생각해보자. 가장 괴로운 사람은 감독이나 코치, 관객이 아닌 선수 자신일 것이다. 이런 상황에서 "바보 같은 놈, 결정적 기회를 못 살리다니!"라고 질책하면 심리적으로 위축된 선수는 남은 경기를 망치기 쉽다. 지난 실수에 연연해 다음 경기에서도 제 기량을 발휘하지 못할 확률이 높다.

이런 상황에서 코치형 리더는 선수들을 윽박지르지 않는다. 대신 수많은 질문을 던져 선수 스스로 문제점을 체크하고 해결점을 찾아낼 시간을 준다. 일방적인 지시보다는 질문을 통해 스스로 생각할 수 있게 만드는 힘을 기르는 것이다. 그것이 바로 코칭의 위대한 저력이다.

질문은 문제의 핵심을 정확히 바라보고 본질적인 논의를 통해 문제를 해결하게 만드는 힘을 가지고 있다. 훌륭한 대답은 위대한 질문을 통해 탄생한다. 그런데 엄마들이 던지는 질문을 떠올려보라. "도대체 왜 그랬어?", "시험 성적이 떨어진 이유가 뭐야?" 등 과거에 대한 질문이 대부분이다. 이러한 질문들은 공격적으로 들리기 때문에 아이는 본능적으로 방어형 대답을 하게 된다.

코치형 엄마들은 질문도 다르다. 과거에 대한 질문이 아닌 미래에 대한 질문을 던진다.

"네가 피아노를 잘 치려면 무엇이 더 필요할까?" "네가 선생님이 되고 싶다면 어떤 것을 공부하는 게 도움이 되겠니?" "3학년으로 올라가면 무엇을 하고 싶니?" 등 엄마가 질문의 방향을 바꾸면 아이들의 생각도 바뀐다. 변명거리를 찾던 생각의 초점이 문제해결 쪽으로 향하게 된다.

지금부터라도 결과에 연연하지 말고 "어떻게 되기를 바라니? 엄마가 무엇을 도와줄 수 있을까?"라고 질문의 방향을 바꿔보라. 다음은 코칭형 대화 기법에서 사용되는 대표적인 질문들이다.

"그것에 대해 좀 더 자세히 말해줄래?"

"네가 절대 실패하지 않는다면 무엇을 해볼래?"

"이것에 대해 어떤 느낌이 들지?"

"다른 대안은 무엇일까?"

"여기서 해야 할 가장 중요한 일은 무엇일까?"

질문의 방향이 아이의 생각을 바꾸고, 생각이 아이의 습관을 바꾸고, 습관이 아이의 인생을 바꾼다는 사실을 기억하라.

가두리 양식

교육법　　　　　　앞서 말했듯 부모가 자녀를 어떻게 생각하느냐에 따라 교육의 방법은 달라진다. 자녀를 미숙하고 부족한 존재라고 생각하는 부모는 자녀교육에 최대한 개입하려고 한다. 칭찬보다는 꾸중을 통해 잘못된 행동을 수정하고 부모가 원하는 방향으로 이끌려고 한다. 또한 부모와 자녀를 상하 관계로 인식하고 나쁜 행동을 수정하는 데 목표를 둔다. '보호자로서 해야 할 역할'만 인지하기 때문이다.

반면 자녀의 가능성을 믿고 아이의 잠재력을 인정하는 부모는 자녀교육에 최소한으로 개입하려고 한다. 보호자로서 아이를 대하는 게 아니라, 페이스메이커가 되어 마라토너인 아이가 42.195킬로미터를 완주할 수 있도록 옆에서 함께 묵묵히 달려주며 아이를 격려할 뿐이다. 그들은 꾸중보다는 칭찬을 통해 자녀에게 자신감을 심어주고 스스로 문제해결력을 키울 수 있는 조언을 아끼지 않는다. 자녀의 미래 가능성과 잠재력을 믿고 부모 스스로를 자녀 인생의 협력자라고 생각한다. 즉, '코치로서 해야 할 역할'에 집중하는 것이다.

코치형 부모가 되기 위한 구체적인 방법으로 '가두리 양식 교육법'을 소개한다. '가두리'는 바깥쪽, 가장자리를 뜻하는 '가'와 '두르다'가 합쳐진 말로 어떤 물체 겉쪽의 휘두른 언저리를 말한다. 바다에서 자유롭게 살던 물고기를 양식하는 시설을 '가두리 양식장'이라고 하는데 정작 물고기는 울타리를 느끼지 못하고 바다에서 자유롭게 산다고 생각하는 게 가두리 양식의 포인트다. 다시 말해 가두리 양식 교육법이란 자녀는 평소 부모의 간섭을 느끼지 못하고 자율적으로 생활한다고 믿고 있지만, 가두리를 벗어나거나 위험에 직면했을 때는 부모가 자연스럽게 가두리 안으로 이끌어주는 교육방법이다. 이것이 바로 엄마주도학습의 핵심이다.

　다른 사람도 아닌 부모가 아이의 성장을 방해해서는 안 된다. 아이의 가능성에 한계를 두지 말고 가두리를 최대한 크게 만들자. 그리고 그 안에서 아이들이 자유롭게 꿈꿀 수 있는 시간을 허락해주자. 그것이 바로 가두리 양식장의 주인이자 페이스메이커인 부모가 할 일이다.

[표 02] 엄마의 유형 파악하기_코치형

Ⓐ 그룹 진단 문항	전혀 그렇지 않다	그렇지 않다	보통 이다	그렇다	매우 그렇다
1. 나는 아이 본연의 모습, 있는 그대로를 인정하고 사랑하는 편이다.	1	2	3	4	5
2. 나는 아이에게 꿈을 이루기 위한 무한 잠재력과 가능성이 있다고 믿는 편이다.	1	2	3	4	5
3. 나는 아이의 말을 이성보다 감성적으로 이해하며 귀 기울여 듣는 편이다.	1	2	3	4	5
4. 나는 아이에게 지시나 명령보다는 질문을 많이 하는 편이다.	1	2	3	4	5
5. 나는 아이가 하는 일에 참견하기보다는 일단 시간을 주고 기다리는 편이다.	1	2	3	4	5
6. 나는 아이가 하는 일에 격려와 응원을 표하고 지지하는 편이다.	1	2	3	4	5
7. 나는 아이의 행동과 결정을 인정하고 칭찬을 많이 하는 편이다.	1	2	3	4	5
8. 나는 아이가 공부보다 자신이 좋아하는 일을 하는 게 더 낫다고 생각하는 편이다.	1	2	3	4	5
9. 나는 자녀교육에 관심이 많고 더 좋은 엄마가 되기 위해 공부를 따로 하는 편이다.	1	2	3	4	5
10. 나는 아이에게 "책을 읽어라"라고 말하는 대신 직접 책 읽는 모습을 보여주는 편이다.	1	2	3	4	5
소계					

* 각 문항에 대하여 1점부터 5점까지 점수 선택

[표 03] 엄마의 유형 파악하기_교육형

Ⓑ 그룹 진단 문항	전혀 그렇지 않다	그렇지 않다	보통 이다	그렇다	매우 그렇다
1. 나는 이성적이고 논리적이며 공정한 것을 좋아하는 편이다.	1	2	3	4	5
2. 나는 감성이 아닌 이성이 강한 편이다.	1	2	3	4	5
3. 나는 일단 목표가 생기면 무조건 이뤄야 한다고 생각하는 편이다.	1	2	3	4	5
4. 나는 아이에게 지시나 명령보다는 질문을 많이 하는 편이다.	1	2	3	4	5
5. 나는 아이가 해야 하는 일이 있으면 반드시 설득하고, 관리 감독하는 편이다.	1	2	3	4	5
6. 나는 아이가 어떤 어려움에 봉착하면 문제해결을 위한 다양한 방법을 알려주는 편이다.	1	2	3	4	5
7. 나는 아이를 대할 때 감정에 휘둘리지 않으며 엄한 교육 방침을 가지고 있는 편이다.	1	2	3	4	5
8. 나는 아이가 명문대에 진학하고, 좋은 직업을 가져야 한다고 생각하는 편이다.	1	2	3	4	5
9. 나는 아이가 질문에 제대로 된 대답을 내놓지 못하면 화가 나는 편이다.	1	2	3	4	5
10. 나는 아이의 생각보다는 내 생각을 강요하는 편이다.	1	2	3	4	5
소계					

* 각 문항에 대하여 1점부터 5점까지 점수 선택

[표 04] 엄마의 유형 파악하기_통제형

ⓒ 그룹 진단 문항	전혀 그렇지 않다	그렇지 않다	보통 이다	그렇다	매우 그렇다
1. 나는 아이가 잘못하면 바로 혼내며 교정하는 편이다.	1	2	3	4	5
2. 나는 아이의 칭찬에 인색한 편이다.	1	2	3	4	5
3. 나는 옆집 아이의 이야기를 내 아이에게 자주 하는 편이다.	1	2	3	4	5
4. 나는 주변 사람들의 결점이나 실수를 쉽게 알아채는 편이다.	1	2	3	4	5
5. 나는 유독 스트레스에 민감한 편이다.	1	2	3	4	5
6. 나는 아이에게 칭찬과 격려보다 야단과 꾸중을 많이 하는 편이다.	1	2	3	4	5
7. 나는 아이의 생각에 동의보다 의심이 많은 편이다.	1	2	3	4	5
8. 나는 아이가 변명을 늘어놓는 것을 싫어하는 편이다.	1	2	3	4	5
9. 나는 화 또는 분노 등의 감정을 잘 조절하지 못하는 경우가 많은 편이다.	1	2	3	4	5
10. 나는 기분이 나쁘면 아이를 혼내고, 기분이 좋으면 아이와 놀아주는 경우가 많은 편이다.	1	2	3	4	5
소계					

* 각 문항에 대하여 1점부터 5점까지 점수 선택

[표 05] 엄마의 유형 파악하기_자율형

ⓓ 그룹 진단 문항	전혀 그렇지 않다	그렇지 않다	보통 이다	그렇다	매우 그렇다
1. 나는 아이가 자신의 일은 알아서 잘 해내리라 생각하고 믿는 편이다.	1	2	3	4	5
2. 나는 아이를 통제하고 제재를 가하는 행동은 아이의 기를 죽이는 일이라 생각하는 편이다.	1	2	3	4	5
3. 나는 아이를 통제하기보다는 자유롭게 내버려두는 편이다.	1	2	3	4	5
4. 나는 아이를 융통성과 유연성 있게 대하는 것이 좋다고 생각하는 편이다.	1	2	3	4	5
5. 나는 아이의 교육에 무관심하다는 이야기를 자주 듣는 편이다.	1	2	3	4	5
6. 나는 아이가 무엇을 고민하고 무엇을 좋아하는지 잘 모르는 편이다.	1	2	3	4	5
7. 나는 아이의 친구들에 대해 아는 게 없는 편이다.	1	2	3	4	5
8. 나는 아이를 교육하고 훈육하는 일이 버겁다고 느껴질 때가 많은 편이다.	1	2	3	4	5
9. 나는 일상에 쫓겨 아이와 많은 대화를 나누지 못하는 편이다.	1	2	3	4	5
10. 나는 바쁘고 귀찮다는 이유로 아이와 많은 시간을 보내지 못하는 편이다.	1	2	3	4	5
소계					

* 각 문항에 대하여 1점부터 5점까지 점수 선택

[표 06] 부모 유형 진단 분석표

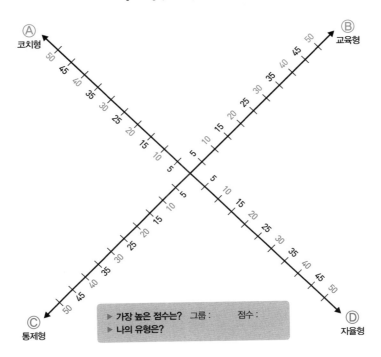

▶ 가장 높은 점수는? 그룹 :   점수 :
▶ 나의 유형은?

그룹	유형	특징
Ⓐ	코치형	누구보다 아이 교육에 적극적이지만 통제하거나 감시하지 않음. 아이에게 생각하고 결정하고 행동할 수 있도록 기다려줌.
Ⓑ	교육형	아이 교육에 적극적이지만 아이의 생각보다는 엄마의 생각으로 아이를 통제. 엄격형이나 공격형으로 발전할 가능성 높음.
Ⓒ	통제형	아이 교육에 소극적이고 비판을 통해 아이의 행동을 수정하는 스타일. 교육에는 소극적이지만 통제성은 강해 비교형으로 발전하거나, 엄마의 감정에 따라 비난형이 될 수 있음.
Ⓓ	자율형	아이의 자유를 중요하게 생각하지만 방임과 방치로 발전할 가능성도 높음. 아이 교육에 소극적이며 통제성이 약함.

Step 3

어설픈 **격려** 대신
제대로 된 **기준**을 **제시**하라

아이를 초등학교에 입학시키면서 명문대 진학을 목표로 하지 않는 부모는 드물다. 그런데 우리 아이들이 명문대에 입학할 수 있는 확률은 5퍼센트 내외다. 전국의 수험생 약 60~65만 명 중 SKY에 입학할 수 있는 학생은 약 1만 명인데, 이를 또다시 문과 · 이과로 나누면 계열별로 상위 5퍼센트 안팎만 명문대에 진학할 수 있다. 현실적으로 아무리 노력해도 나머지 95퍼센트는 명문대 진학이 불가능한 셈이다.

엄마주도학습이 진짜 필요한 이유

얼마 전 중학교에 입학한 아이의 성적이 걷잡을 수 없이 떨어져 상담실을 찾은 엄마가 있었다. 그 엄마는 아이가 초등학교에서 줄곧 '매우 잘함'만 받아서 안심했는데, 중학생이 된 후 상황이 달라졌다며 하소연했다.

강남, 정확하게 말하면 대치동에서 공부하는 학생들 중 영원한 1등, 붙박이 1등은 없다. 타 지역에서는 전교 1등의 자리를 놓치지 않는 아이들을 어렵지 않게 발견할 수 있지만 대치동은 그렇지 않다. 준비된 학생이 많이 모여 있다 보니 늘 1등 자리를 두고 경쟁이 치열하기 마련이다. 초등학교 시절 공부를 잘하던 아이가 중학교에 진학해서도 실력을 유지하면 좋겠지만 현실은 그렇지 못하다. 문제는 과거의 영광에서 벗어나지 못한 아이들이 부모의 기대를 충족시키지 못하는 데서 오는 자괴감과 스스로에 대한 실망감 앞에서 점점 자신감을 잃고 무기력해져 간다는 사실이다.

상담실을 찾은 엄마의 고민도 여기에 있었다. 아이가 도통 공부할 생각이 없다는 것! 하고 싶은 것도 많고, 보고 싶은 것도 많던 활동적인 아이는 사라지고 오로지 게임할 궁리, 친구들과 놀 궁리만 한다는 것이다. 수능 상위 0.1퍼센트에 속하는 100명의 학생들에게 '공부에서 가장 중요한 것은 무엇인가'라는 설문조사 결과 동기부여 36퍼센트, 시간관리 28퍼센트, 학습방법 19퍼센트, 시험실전 17퍼센트라는 대답이 나왔다. 아이들 스스로도 동기부여가 최고임을 인정하는 것이다.

아이의 무기력한 모습이 보기 싫다고 무조건 화부터 내서는 안 된다. 윽박지르기, 싫은 것 강요하기, 부모가 대신 해주기, 남과 비교하기 등은 모두 아이들의 반항심만 부추기는 원인이 된다. 화를 내기 전에 슬럼프의 원인을 찾아내는 게 먼저다. 단지 지금 기분에 공부가 하기 싫은 것인지, 아니면 아예 공부의 필요성을 느끼지 못하는 것인지부터 파악해야 한다.

많은 엄마가 공부를 마무리할 때 자녀의 성취도를 확인하려고 한다. 오늘 배운 것을 얼마나 기억하는지 물어보고 대답을 들어야 안심한다. 이는 엄밀하게 말해서 아이가 아니라 엄마의 성취도를 체크하는 행위다. '내 아이가 제대로 공부를 했다'는 안도감을 느끼기 위한 엄마의 욕심인 것이다.

아이가 결과보다 과정을 즐기며 모르는 것을 새롭게 알아가는 과정에 흥미를 가질 수 있도록 이끌어야 한다. 엄마가 학습 방향의 주도권을 쥐고 있되, 아이가 그것을 모르게 만들어야 한다. 엄마의 컨트롤이 아니라 아이 자신이 흥미를 느껴 움직인다고 믿게 만들어야 한다. 엄마는 옆에서 제대로 된 방향 설정과 상황에 맞는 전략 수정만 해주면 되는 것이다.

자기주도학습 과정은 명문학교 입학 서류인 자기소개서에 기술하기도 하는데 2017학년도 청심국제중학교 자기소개서에는 '학습을 위해 주도적으로 수행한 목표 설정, 계획, 학습 그리고 그 결과 평가까지의 전 과정(교육과정에서 진로 체험 및 동아리 활동, 꿈과 끼를 살리기 위한 활동 및 경험 등 포함)'을 쓰라고 했으며 2017학년도 용인한국외국어대학교부설고등학교 자기소개서에는 '본인이 스스로 학습계획을 세우고 학습해온 과정과 그 과정에서 느꼈던 점'을 기술하라고 했다.

이것이 바로 지금 우리 사회가 필요로 하는 인재상이다. 그리고 이것이 바로 혼자 공부하기에 앞서 마음을 잡아주고, 공부 방법을 알려주고, 공부 습관을 만들어주는 엄마주도학습이 필요한 이유다.

지식을 습득하고,
체계화하는 방법

요즘 초등학교 엄마들 사이에서는 아이의 숙제가 곧 엄마의 숙제인 집이 많다. 과거 표준전과에서 답을 찾던 방식이 아닌 관찰과 실험이 필요한 과제들이 많기 때문이다. 초등학교 1, 2학년이 혼자 힘으로 관찰하고, 실험하고, 결과를 유추하기란 쉽지 않기에 숙제를 완성하기 위해서는 엄마의 도움이 꼭 필요하다.

문제는 도움이 지나쳐 아예 엄마가 숙제를 해주는 경우가 적지 않다는 사실이다. 아이가 쓴 일기와 독후감이 마음에 들지 않으면 엄마가 자신의 생각을 말하고 아이에게 그대로 받아 적게 한다. 엄마의 주도권이 잘못 설정된 케이스다. 이때 엄마가 할 일은 자신의 생각을 읊어주는 게 아니라 아이에게 책을 이용해 자료 찾는 법, 찾아낸 자료를 바탕으로 자신의 생각을 정리하는 법 등을 알려주는 것이다. 매번 엄마의 도움을 받은 탓에 스스로 과제를 해결할 능력을 쌓지 못한 아이는 조금만 어려운 숙제를 만나면 엄마에게 미루게 된다. 엄마 없이는 숙제조차 하지 못하는 아이로 성장하는 것이다.

엄마는 아이가 지식을 습득하고, 체계화하는 방식을 이해하도록 도와줘야 한다. 이때 지식을 습득하는 것은 아이가 주체적으로 해야 할 일이니, 엄마들은 체득하고 체계화하는 방식을 도와주면 된다. 지식의 습득을 생활로 체계화하기 위해서는 무엇보다 엄마의 역할이 중요하다.

나는 우리 아이들이 5살 무렵부터 '하루에 공부할 양'을 함께 의논했다. 동화책을 몇 페이지 읽을 것인지, 학습지는 몇 페이지를 푸는 게 적당한지 의논해서 결정된 일일 공부량을 교재 왼쪽 상단에 날짜별로 기재했다. 이렇게 하면 아이가 어떤 책을 볼지, 무엇을 공부할지 고민하지 않아도 되니 집중력이 높아진다. 책상에서 우왕좌왕하거나 넋 놓고 앉아 있을 일이 없어진다.

매일 저녁 일일 공부량을 확인한 후 목표치를 이루었으면 교재에 간단한 사인을 남겼다. 목표한 양을 채우지 못하는 날에는 교재에 사인을 남기지 않았다. 주중에 채우지 못한 학습량은 다음 주로 미루지 못하도록, 해당 주말 시간을 이용하여 해결하게 했다. 이 과정을 통해 아이들은 오늘 공부를 미루면 주말이 힘들어진다는 사실을 깨달았다. 계획적이고 체계적으로 공부하는 방법을 배우게 된 것이다.

생각을 체계화하기 위해서는 논리적 말하기와 논리적 글쓰기를 연습하는 게 가장 좋다. 논리적 말하기와 글쓰기는 일상생활은 물론 입시에도 가장 큰 영향을 미친다.

먼저 논리적 말하기는 평소 대화를 통해 훈련하면 된다. 아이들과 대화를 나누다 보면 본 주제에서 벗어나 삼천포로 빠지는 경우가 많다. 이때는 본 주제로 돌아오도록 유도해야 한다. 주제가 산만하면 논리가 떨어지게 되고, 논리가 떨어지면 결국 설득력도 떨어진다. 자신의 주장 앞에는 반드시 과학적으로 증명된 논리적 근거가 있도록 말하는 연습을 시키자.

예를 들어 아이가 대화 도중 "진돗개는 먼 곳에서도 집을 잘 찾아온다"라고 이야기하면, 그 근거를 물어본다. 이때 아이의 입에서 동화책이나 만화영화에서 봤다는 대답이 아니라 "후각과 청각이 뛰어나다", "다른 개들에 비해 주인에 대한 충성심이 뛰어나다" 등의 객관적이고 논리적인 대답이 나오도록 유도해야 한다. 이런 이야기를 하면 아이들의 창의력과 상상력을 저해하는 것은 아니냐고 물어보는 사람들이 있는데, 창의력과 상상력은 생각을 무한대로 확장케 하는 마인드맵을 이용하면 된다.

생각의 확장이 나무의 줄기에 무수한 가지를 뻗치게 하는 행위라면, 논리적 말하기는 무수한 잔가지를 모두 쳐내고 '주장'이라는 나무의 기둥만 남기는 행위다. 평소 논리적 말하기를 훈련받은 아이들은 자연스럽게 논리적 글쓰기에도 뛰어난 능력을 보인다.

프랑스의 철학자 데카르트는 "나는 생각한다, 고로 존재한다"라는 말로 자신의 존재가치를 증명하려 했다. 논리적 글쓰기도 마찬가지다. 자신의 생각을 글로 표현하고, 논리적으로 증명하면 된다.

영화를 한 편 보고 느낀 점을 써보라고 하면 내용만 요약하는 아이들이 있다. 사실 줄거리는 그리 중요하지 않은데 말이다. 논리적 글쓰기는 줄거리가 아니라 영화를 보고 느낀 점과 배운 점, 그리고 영화를 본 후 내 생각과 행동의 변화 등을 중심으로 적어내는 게 중요하다. 이것이 바로 입시에서 필요한 글쓰기 훈련이다.

초등학생이 익혀야 할 글쓰기 기본 능력으로는 한글 타자, 영문 타자, 표 만들기(엑셀), 사진 파일 다듬기(포토샵), 파워포인트 등이 있다. 여기에 더해 글을 잘 쓰기 위해서는 다음의 7가지 방법을 중심으로 꾸준히 연습하면 된다.

하나, 글 전체 내용을 한 줄로 요약해본다.

둘, 글의 전체 구조를 만들어본다.

셋, 글의 처음과 끝을 만들어본다.

넷, 글을 쓴 후 각 문장의 주어와 술어를 구분해본다.

다섯, 단번에 읽을 수 있도록 짧은 문장으로 바꿔본다.

여섯, 수식어, 미사여구 등 불필요한 단어들은 삭제한다.

일곱, 입으로 소리 내어 읽으면서 의미의 전달이 원활한지 확인한다. 읽다가 불편함을 느끼면 반드시 수정한다.

부모가 원하는 답을
유도하라

단순히 아이를 키우는 데서 멈추지 않고, 성장시키는 부모는 전략적으로 대화할 줄 안다. 부모가 아이의 마음을 어떻게 헤아려주느냐, 어떤 대화로 부모가 원하는 답을 유도하느냐에 따라 아이의 행동이 달라진다는 사실을 누구보다 잘 알기 때문이다. 덧붙여 유독 통제와 강압을 싫어하는 아이들이 있다. 이런 성향의 아이들은 엄마가 조금만 간섭하고 강요하면 청개구리처럼 반대로 행동한다. 이런 아이들에게는 더더욱 전략적인 접근이 필요하다. 다음의 이야기를 보자.

모 기업의 유명 CEO는 자신의 원하는 것을 직원에게 직접적으로 요구하지 않는 것으로 유명하다. 보통의 CEO는 건물 옥상에 있는 휴게소에 소나무를 심고 싶으면 "김 이사, 휴게소에 소나무 하나 심지"라고 이야기하지만 이 CEO는 다르다. 우선 직원들과 함께 휴게소로 올라간다. 벤치에 앉아 잠시 담소를 나누다가 은연중에 이야기를 시작한다.

"김 이사, 저기 벤치 중간이 왠지 허전해 보이지 않소?"

"네? 그러고 보니 그렇네요."

"저기를 뭔가로 채웠으면 좋겠는데, 직원들도 맘 편하게 쉴 수 있게 말이오. 옥상이니 그늘도 좀 필요할 것 같고…."

"아, 그럼 차양을 칠까요?"

"차양도 좋지. 그런데 너무 삭막하지 않겠소? 자연과 가까우면 더 좋지 않을까 싶은데."

"아, 그렇죠. 그럼 나무를 한 그루 심을까요? 요즘 벚꽃이 예쁘던데 벚꽃 나무 어떠십니까?"

"오, 나쁘지 않은 생각이야. 벚꽃 구경하러 일부러 여의도까지 가지 않아도 되고 괜찮겠군. 그런데 벚꽃이 떨어지면 치우기 힘들지 않을까? 무엇보다 사시사철 푸른 잎을 볼 수 있으면 좋을 텐데. 자네 생각은 어떠한가?"

"맞는 말씀입니다. 아스팔트 빌딩 숲에서 자연을 만나기가 쉽지는 않죠. 그렇다면 회장님, 소나무는 어떻습니까?"

"소나무? 하긴 솔 내음이 심신에 안정을 주기는 하지. 생명력도 강하니 꽤 괜찮은 생각이군."

"그럼 제가 한번 알아보도록 하겠습니다."

이 대화의 핵심은 소나무를 원한 것은 CEO였지만, 절대 CEO의 강요에 의해서가 아니라 직원이 스스로 소나무가 필요하다고 생각하고, 결정했다고 믿게 하는 데 있다. CEO가 원하는 문제 해결의 방향을 다양한 예시를 통해 자연스럽게 전달, 상대의 생각 정리에 도움을 주는 것이다. 엄마주도학습도 마찬가지다.

"너 수학 점수 어떻게 할 거야. 내 이럴 줄 알았어! 공부 좀 하

라고 그랬지!"보다는 "이야, 우리 아들 진짜 맘만 먹으면 못하는
게 없네. 수학 공부를 그렇게 열심히 하더니 지난번보다 세 문
제나 더 맞았네. 혼자서도 이렇게 잘 하니 엄마가 더 바랄 게 없
다"라고 말하는 게 낫다. 겨우 세 문제 더 맞은 것으로 해결되지
않을 만큼 암담한 점수라고 해도 일단 쿨한 척, 무관심한 척, 시
크한 척하는 게 좋다.

"그런데 아들, 분수가 많이 어려워?"

"헉, 엄마! 어떻게 알았어? 분수랑 소수가 너무 어려워."

"엄마도 그랬으니까. 이제 곧 분수 나누기에 들어가는 것 같
던데, 분수랑 소수부터 제대로 이해해야 하지 않을까? 그래야
수학 시간이 무섭지 않을 것 같아. 네 생각은 어때?"

"그렇긴 해."

"하지만 뭐, 엄마는 크게 걱정 안 해. 이번에도 혼자 열심히 공
부해서 성적이 올랐잖아. 더 잘할 수 있을 거야. 우리 아들은."

"내가 이래서 엄마랑 말이 안 통한다니까. 내가 그걸 어떻게
혼자 해?"

타인의 입을 통해 자신의 약점이나 부족한 부분을 듣게 되면
마음 한쪽이 무거워지는 게 사람 심리다. 예상치 못한 엄마의 칭
찬에 아이는 우쭐함을 느끼겠지만 그것도 잠시, 자연스레 "혼자
서도 잘 한다"라는 엄마의 말을 곱씹게 된다. 자신의 수준을 가

장 잘 알고 있는 사람은 본인이다. 아이는 이미 문제집 답안지든 학습지 선생님이든 누군가의 도움이 필요하다는 사실을 잘 알고 있다. 그런데 엄마가 먼저 "혼자서도 잘 한다"라고 이야기를 하면 뜨끔할 수밖에 없다.

"엄마, 엄마가 가르쳐주면 안 돼?"

"미안하지만 아들, 엄마는 수학 잘 못해. 지난번에도 이야기했잖아. 차라리 집 앞에 있는 학원을 한번 가볼래? 아니면 사촌 형한테 부탁할까?"

아이의 초등 성적은 엄마의 대화법에 달려있다고 해도 과언이 아니다. 엄마의 힘으로 바른 습관을 길러주고 싶다면 무엇보다 대화 전략을 제대로 세워야 한다.

현명한 컨트롤러가
되어라

아이를 초등학교에 입학시키면서 명문대 진학을 목표로 하지 않는 부모는 드물다. 아이가 머리가 좋든 나쁘든, 공부를 잘하든 못하든 일단 초등학교 입학과 동시에 명문대 진학을 희망하게 된다. 그런데 우리 아이들이 명문대에 입학할 수 있는 확률은 5퍼센트 내외다. 전국의 수험생 약

60~65만 명 중 SKY에 입학할 수 있는 학생은 약 1만 명, 이를 또다시 문과·이과로 나누면 계열별로 상위 5퍼센트 안팎만 명문대에 진학할 수 있다. 현실적으로 아무리 노력해도 나머지 95퍼센트는 명문대 진학이 불가능한 셈이다.

우리 사회에는 분명 명문대 프리미엄이 존재한다. 일정 수준의 대학을 졸업하지 않으면 대기업의 서류 전형조차 통과하기 어려운 현실이다. 언젠가 한 대기업의 입사담당자가 이런 말을 했다.

"물론 똑똑한 사람을 뽑으려고 명문대생을 찾죠. 그런데 단순히 그런 이유만은 아니에요. 명문대 졸업장은 학창 시절을 성실하고 충실하게 보냈다는 하나의 증명서와 같아요. 물론 개중에는 뛰어난 IQ 덕을 본 친구도 있겠지만, 그런 사람이 몇 퍼센트나 되겠어요. 대부분 남들 놀 때 안 놀고, 남들 잘 때 안 자면서 지금의 자리에 서 있는 거죠. 일단 거기에 높은 점수를 주는 겁니다."

명문대에 진학한 학생들은 그 누구보다 진취적이고 미래에 대한 비전이 뚜렷한 사람이 많다. 그저 성적에 맞춰 학과에 진학한 학생과 자신이 원하는 비전에 맞는 학과를 선택한 사람의 생각이 같을 수는 없다. 게다가 사람은 환경의 동물이므로 자신보다 뛰어난 사람들 틈에 있으면 알게 모르게 자극을 받는다. 현재에 안주하기보다는 더 나은 미래를 향해 열심히 뛰게 된다. 절로 자기계발이 되는 것이다.

인맥은 또 어떠한가? 사회생활을 하다 보면 학연, 지연에서 결코 자유로울 수 없음을 피부로 느끼는 경우가 많다. 생전 처음 만난 사람일지라도 동문이라는 게 확인되면 바로 선후배 사이가 되는 게 아직까지 한국 사회의 현실이다. 아무런 연고가 없는 사람보다는 알게 모르게 많은 도움을 주고받는 게 사실이다. 이러한 현실을 누구보다 잘 알고 있기에 내 아이만은 명문대생이 되기를 바라는 것이다. 그런데 경쟁의 문이 너무 좁아서일까? 맹목적으로 명문대 진학을 꿈꾸는 엄마들 사이에서 나타나는 부작용이 적지 않다.

얼마 전 초등학생 아이를 과학고등학교에 진학시키고 싶다며 상담실을 찾은 엄마가 있었다. 이 엄마는 과고 진학 시 과학과 수학의 점수가 높아야 한다는 이유로 다른 과목들은 등한시하고 이 두 과목만 심화학습을 시키고 있었다. 일찌감치 진로를 결정하고 목표를 향해 전력질주한다는 것은 분명 좋은 일이다. 하지만 부모라면 아이의 성공을 도와주는 것만큼 실패했을 경우를 대비해주는 게 중요하다. 만약 이 아이가 과고 진학에 실패할 경우, 당연히 일반고로 진학을 시켜야 한다. 문제는 일반고에서는 아무리 수학, 과학의 성적이 뛰어나도 다른 과목의 성적이 좋지 않으면 명문대 진학이 어렵다는 데 있다.

명문대에 진학하려면 무엇보다 내신 성적이 좋아야 한다. 서울대는 수시모집 입시요강을 통해 '고등학교 전 과정에서 국어, 영어, 수학, 사회, 과학뿐만 아니라 음악, 미술, 체육 등 전 교과를 충실히 이수하였는지를 고려함'이라고 내신의 평가 대상이 전 과목임을 분명히 밝혔다. 연세대는 문과, 이과 구분 없이 국, 영, 수, 사, 과의 내신을 반영한다. 고려대의 경우 문과는 국, 영, 수, 사를 이과는 국, 영, 수, 과를 반영한다. 수학, 과학 성적만 뛰어나서는 명문대 진학이 불가능한 현실이다.

수능에서도 국어 시험의 지문에 과학이나 미술 등 다른 과목의 예시가 나오는 경우가 허다하다. 자신이 가지고 있는 지식을 씨줄과 날줄로 엮어야만 제대로 된 답을 구할 수 있는 시험인 셈이다. 이런 상황에서 엄마가 앞장서 아이에게 지식을 편식시켜서는 안 된다. 대학이 원하는 융합형 인재를 만들기 위해서라도 편식 없이 모든 과목을 충실하게 가르쳐야만 한다.

엄마가 주도권 설정을 잘못할 경우 본인은 물론 아이의 인생마저 고달파진다. 남들이 성공한 길로 아이를 무작정 이끌기 전에 제대로 된 방향 설정이 먼저다. 현명한 플래너이자 컨트롤러로서의 지혜가 필요한 것이다.

CHAPTER 2

엄마주도학습
성공전략

실천할 수 없고
통제할 수 없는 목표는
부여하지 않는다
_스킬 편

사실 엄마들은 자신의 아이가 어느 정도 공부하고 있는지 그 총량을 제대로 파악하지 못한다. 지금 영어를 놓치면 안 된다고 하니 영어 학원에 보내고, 옆집 아이가 수학 학원을 다닌다고 하니 수학 학원을 보내는 식이기 때문이다. 어느 순간이 지나면 아이는 지칠 대로 지치지만 성적은 좀처럼 나아지지 않는 악순환이 반복된다. 엄마에게 주어진 자원을 효율적으로 사용하기 위해서는 무엇보다 '과목별 학습 계획표' 또는 '학기별 학습 계획표' 작성이 시급하다.

Plan 1. 균형 잡힌
공부 식단을 작성하라

아이에 대한 엄마의 욕망은 무한하지만 안타깝게도 그 자원에는 한계가 있다. 투자 대비 창출을 생각해보자. 경제적인 문제, 아이의 시간, 부모와의 관계, 엄마의 인내심 등 자원 대비 효율성을 고려해보라는 말이다. 투자 대비 창출이 적다면 분명 효율성에 문제가 있는 것이다. 이러한 상황이 지속되면 엄마의 자원은 틀림없이 고갈되고 만다.

대학 입시는 흔히 장거리 마라톤에 비유된다. 초등학교 성적에 목매 돈은 돈대로 쓰고, 아이는 아이대로 힘들고, 관계는 관계대로 망가지는 최악의 선택을 할 필요는 없다. 느리더라도 아이의 모습에 작은 변화가 일면 그걸로 족하다.

사실 엄마들은 아이가 어느 정도 공부하고 있는지 그 총량을 제대로 파악하지 못한다. 지금 영어를 놓치면 안 된다고 하니 영어 학원에 보내고, 옆집 아이가 수학 학원을 다닌다고 하니 수학 학원에 보내는 식이기 때문이다. 어느 순간이 지나면 아이는 지칠 대로 지치지만 성적은 좀처럼 나아지지 않는 악순환이 반복된다.

엄마에게 주어진 자원을 효율적으로 사용하기 위해서는 무엇보다 균형 잡힌 공부 식단 작성이 시급하다. 방학 때 생활계획표를 작성하듯 아이의 일과표를 만들어보자. 방과 후 아이의 학원 및 과외, 학습지를 중심으로 시간을 적어보면 공부 시간, 공부 방법 등 현재 아이가 공부하고 있는 총량이 한눈에 파악될 것이다. 이를 바탕으로 '과목별 학습 계획표' 또는 '학기별 학습 계획표'를 만들면 된다. 과목별 학습 계획표의 장점은 다음과 같다.

하나, 불필요한 학원을 줄여서 계획적이고 합리적인 공부를 가능케 한다.

둘, 공부 시간과 공부의 양 등 총량이 한눈에 파악된다.

셋, 계획적인 학습을 위한 객관적인 자료가 된다.

넷, 엄마의 주도 아래 자연스레 자기주도학습으로의 이관이 가능하다.

[표 07] 초등 과목별 학습 계획표

과목	초등 저학년	초등 고학년	비고
국어	고급 한국어 독서 / 미디어	논술(글쓰기) / 공연 관람 초6 겨울~중등 내신	한국어능력시험 한국어 토론
영어	듣기, 읽기 말하기 쓰기	영어공인 도전 초6 겨울~중등 내신	다독, 일기, 토론 중학 반 편성고사
수학	사고력 수학	선행과 심화 : 입시용 초6 겨울~중등 내신	수학 경시 중학 반 편성고사
사회	교과서 / 독서	경제와 역사	한국사검정능력 체험 학습
과학	교과서 / 실험	물리, 화학, 지구과학, 생명과학(기본학습)	과학 잡지 체험 학습
독서	폭넓은 독서	미디어 글쓰기, 관심 분야 독서	독서활동 정리
한자	읽기와 뜻	상용 사자성어	고급 한국어
예체능	취미와 체력	특기와 여가활동	인성(협력)

Plan 2. 작은 것이라도
성공체험을 격려하라

우리나라 엄마들의 특징 중 하나가 바로 아이들을 하향평준화하는 것이다. 사람이라면 누구나 장점과 단점이 있고, 강점과 약점이 있다. 보통 장점보다는 단점이, 강점보다는 약점이 잘 드러난다. 우리는 지금까지 강점을 강화하기보다는 자신의 부족한 점을 보완하는 게 우선이라고 생각해왔지만, 사실 약점을 보충하는 것보다 강점을 더욱 강화시키는 게 먼저다.

다른 과목의 성적은 형편없는데 유독 미술 성적이 좋은 아이가 있다고 가정해보자. 내신에서 음악, 미술, 체육 과목은 운전면허의 필기시험과 비슷하다. 합격점인 기본 점수만 통과하면 100점을 받아도 입시에 큰 도움은 되지 않는다. 엄마들 역시 이러한 사실을 모를 리 없다. 그래서 국, 영, 수 점수는 50점대인데, 미술 교과서만 달달 외우고 앉아 있는 아이를 보는 엄마의 속은 까맣게 타들어간다.

"또 미술책을 들여다보고 있는 거야? 차라리 그 시간에 영어 단어 하나 더 외우지?"

엄마가 나서서 아이의 '성공체험'을 방해하는 꼴이다. 자신이 좋아하는 과목을 죽어라 공부한 아이는 서서히 자신만의 공부

방법을 체득해간다. 반복해서 미술 점수 100점을 맞다 보면 '아, 공부는 이렇게 하는 거구나' '시험은 이렇게 치르는 거구나'를 깨달으며 스스로 공부의 감을 잡는다. 그리고 얼마 지나지 않아 다른 과목의 공부에도 이를 적용한다. 당연히 다른 과목의 점수도 동반 상승할 수밖에 없다. 이것이 바로 성공체험의 효과다.

그런데 우리 엄마들은 아이의 강점이 아닌 약점에 집중한다. 국, 영, 수가 약하다고 이에 집중하는 순간 100점을 받던 미술마저 평균 80점대로 내려오는 건 순식간이다. 강점을 더욱 강화해야 할 시간에 약점을 보완하니 전체적으로 하향평준화되는 것이다. 아주 작은 경험이라도 꾸준히 성공체험을 시켜주는 것, 이것이 바로 엄마주도학습의 두 번째 전략이다.

Plan 3. 복습은
성장의 어머니다
밀린 집안일을 하듯 공부를 한꺼번에 몰아서 하는 아이들이 많다. 밥도 제때 소화시키지 못하면 100퍼센트 탈이 나는데 공부는 오죽하겠는가. 음식을 제때 소화시키는 것처럼 공부 역시 그날 배운 것은 온전히 당일에 소화시켜야 한다.

학교에서 공부 잘하는 아이들을 살펴보면 대부분 복습을 철저히 한다. 배운 내용을 바로 복습하니 기억력도 증가하고 시험을 칠 때 공부할 양은 절반으로 줄어든다. 복습의 힘은 특히 시험 기간에 빛을 발하는데, 복습을 하지 않는 아이들에 비해 상대적으로 시간적 여유가 있으니 시험이 한결 쉬워지는 것이다.

그런데 이토록 중요한 복습을 소홀히 하는 아이들이 생각보다 많다. 아이들에게 왜 복습을 게을리하냐고 물어보면 "복습할 시간이 없기 때문"이라고 대답한다. '복습에는 많은 시간이 필요하다'고 오해하고 있는 것이다. 나중에, 집에 가서, 주말에, 시험 전 등 배운 뒤 어느 정도 시간이 지난 후 하는 복습은 복습이 아니라 새로운 공부에 가깝다.

복습은 오늘 배운 내용 중 에센스만 살펴보는 과정이다. 실제로 많은 시간을 필요로 하지 않는다. 쉬는 시간에 그날 배운 내용을 제목과 목차, 중요 부분 중심으로 한번 읽고, 귀가 후 수업 시간에 배운 내용을 천천히 읽어내려가는 것만으로도 족하다. 그리고 다음 수업시간 시작 전, 지난 시간에 배운 내용을 떠올리며 목차를 파악하면 생각을 정리하는 데 많은 도움이 된다.

이러한 복습법은 학원 수업이나 인터넷 강의에도 적용이 가능하다. 학원에서 아무리 재미있는 수업을 들어도 복습하지 않으면 머리에 남는 게 없다. 이렇게 매일 조금씩이라도 공부해두면 다음에 학습할 내용이 줄어들어, 매끼 밥 먹는 것처럼 부담 없이 공부할 수 있게 된다.

만약 자녀가 초등학생이라면 엄마가 나서서 계획표를 만들어 주는 게 좋다. 아침 8시부터 밤 12시까지 한 시간 간격으로 시간을 나누고 방과 후에는 국, 영, 수를 중심으로 복습할 시간을 마련해둔다. 아이 상태를 전체적으로 점검하고 어떤 공부가 필요한지 기록하는 것이다.

아이가 중학교에 올라가더라도 반드시 아이 시간표를 체크하고, 국, 영, 수 수업이 있는 날이면 그날 저녁 반드시 복습 여부를 확인하라. 사회나 과학 등 탐구과목은 비교적 시간 여유가 있는 주말을 이용하는 게 바람직하다.

시간표를 만든 다음에는 공부 체크리스트를 준비하면 좋다. 학원 강사나 과외 선생에게 관리받는 아이들은 스스로 세운 목표를 지켜야 한다는 불안감이 없다. 선생님들이 제시하는 과제만 다하면 되기 때문에 스스로 평가하고 관리할 일이 없는 것이다. 하지만 체크리스트를 만들면 이야기가 달라진다. 아이들은 스스로 세운 목표를 지키지 못하면 주말에 몰아서 해야 한다는 부담감과 스스로 할 일을 끝내지 못했다는 불안감을 느낀다. 체크리스트는 바로 이러한 심리를 이용하여 스스로의 상태를 자각하게 만드는 역할을 한다. 이런 습관이 반복되다 보면 자연스

[표 08] 일주일 계획표

	월	화	수	목	금	토	일
AM 8:00							
9:00							
10:00							
11:00							
PM 12:00							
1:00							
2:00							
3:00							
4:00							
5:00							
6:00							
7:00							
8:00							
9:00							
10:00							
11:00							
12:00							

럽게 자기주도학습이 가능하게 된다.

이를 증명하듯 서울대생 3,000명을 대상으로 학습 습관을 조사한 결과, 상위 4퍼센트에 속하는 학생들은 하루 최소 3시간 이상 스스로 공부하는 습관을 지닌 것으로 나타났다. 한국교육개발원이 서울 지역 고교생 500명을 대상으로 조사한 결과도 이와 비슷하다. 학업 성적 상위 10퍼센트 이내 학생들 중 74.3퍼센트에 속하는 아이들 역시 하루 3시간 이상 책상에 앉아 집중적으로 공부하고 있다고 대답했다.

자기주도학습은 아이 스스로 학습 목표를 정하고 이를 달성하기 위한 계획을 세워서 공부하는 행위를 말한다. 아이가 자신만의 공부 사이클을 만들어 습관화할 수 있도록 도와주면 되는 것이다.

**Plan 4. 내 아이의 맞춤 참고서,
오답 노트를 만들어라**　　　　시험이 끝났으면 반드시 오답 노트를 만들게 하자. 초등학교 저학년 자녀를 둔 엄마들은 아직 오답 노트에 대한 필요성을 느끼지 못하지만, 아이가 고학년만 되어도 상황은 달라진다.

중학생이 되면 이전에 배웠던 내용을 한꺼번에 복습해야 하므로 시험 준비에 많은 시간과 노력이 든다. 시험을 치르다보면 계속해서 같은 유형의 문제를 틀리는 경우가 많은데, 이때 가장 요긴하게 쓰이는 게 바로 오답 노트다. 오답 노트를 통해 틀린 문제를 다시 풀어보면 평소의 실력이 점검되는 것은 물론 핵심도 한눈에 파악할 수 있다. 복습과 심화학습이 동시에 이뤄지는 것이다. 내 아이만의 참고서, 오답 노트를 만드는 방법은 다음과 같다.

하나, 오답 노트는 시험이 끝난 주에 바로 만드는 게 좋다. 시간이 지나면 실수로 틀린 것인지 정말 몰라서 틀린 것인지 헷갈릴 수 있기 때문이다.

둘, 틀린 문제는 '단순 실수' 또는 '알지 못함' 등으로 분석, 원인을 구분해 표시한다. 운으로 맞췄을 경우에도 반드시 이를 표시해 다음에는 아이의 실력으로 정답을 맞힐 수 있도록 신경을 쓰자.

셋, 틀린 문제 옆에는 교과서나 참고서를 이용, 정답을 찾아 바르게 적어놓는다. 이때 시험지에 해당 교과서 페이지를 적어두면 복습할 때 교과서를 다시 뒤적이는 수고를 덜 수 있다. 포스트잇에 기본 개념을 정리하여 틀린 문제 옆에 붙여두는 것도 도움이 된다.

넷, 시험지에서 틀린 부분은 복사하여 노트에 붙이도록 한다. 틀린 문제를 손으로 옮겨 적는 아이들도 있는데, 오답 노트는 공부 시간을 방해받지 않는 선에서 작성해야만 그 의미가 있다. 간혹 여자아이 중에는 노트를 예쁘게 꾸미는 데 정신이 팔리는 경우도 있으니, 주객이 전도되지 않도록 주의 깊게 살펴보도록 하자.

다섯, 오답 노트는 두꺼운 스프링 노트에 만드는 게 좋다. 과목별로 분류하여 만드는 게 핵심인데, 노트 한 페이지에 한 문제씩 붙여서 문제가 한눈에 들어오도록 해야 한다. 시험 2~3주 전부터 여유를 두고 보기 시작하면 같은 문제를 반복해서 틀리는 실수를 줄일 수 있을 것이다.

Plan 5. 상황에 맞는

전략을 수립하라　　　　아주 작은 것이라도 성공을 거둔 아이는 할 수 있다는 자신감을 얻어 누구보다 빠르게 전진하려 한다. '영어 단어 10개와 학습지 3장 풀기'를 성공하면 스스로 영어 단어 15개와 학습지 5장을 풀려하는 식이다. 이때 엄마의 욕심으로 '수학 평균 점수 20점 올리기, 학습지 10장 풀기' 등 과도한 목표를 내세우면 아이는 금방 제자리로 돌아온다. 거창한 목표보다는 아이가 스스로 이룰 수 있는 작은 목표를 설정하도록 도와주는 게 중요하다. 작은 것이라도 아이 스스로 성공과 성취를 맛보게 하는 것이다.

만약 아이가 목표를 이루지 못했다 하더라도 실망할 필요는 없다. 아이의 잘못이 아니라 방법이 잘못되었을 수도 있으니 상황에 맞게 전략을 수정하면 된다. 이러한 시행착오 속에서 내 아이에 맞는 공부법을 찾아내는 게 바로 엄마주도학습의 장점이다.

마지막으로 [표 09]는 아이의 올바른 학습 습관 형성을 위하여 엄마가 반드시 체크해야 할 리스트다. 처음에는 '예'를 체크할 항목이 그리 많지 않을 것이다. 하지만 적어도 일주일에 한 번 혹은 한 달에 한 번씩이라도 꾸준히 작성하다보면 분명 모든 항목에서 '예'라는 대답을 체크하는 순간이 온다. 그때에는 완벽한 자기주도학습을 위한 준비가 끝났다고 봐도 무방하다.

[표 09] 성공적인 자기주도학습을 위한 엄마의 체크리스트

Check List

1. 아이가 학교 시간표를 외우고 있다   Yes ☐   No ☐

2. 매일 저녁 내일 배울 과목과 진도를 확인한다   Yes ☐   No ☐

3. 오늘 배운 내용을 자기 전 복습한다   Yes ☐   No ☐

4. 교과서를 여러 번 반복해서 읽는다   Yes ☐   No ☐

5. 수업 시간에 노트한 내용을 다시 정리한다   Yes ☐   No ☐

6. 수업 시간에 궁금했던 내용은 꼭 찾아서 확인한다   Yes ☐   No ☐

7. 매일 공부할 양을 정하고 스스로 약속을 지킨다   Yes ☐   No ☐

8. 시험 한 달 전, 공부 계획을 세우고 이를 실천한다   Yes ☐   No ☐

9. 시험을 볼 때 끝까지 최선을 다한다   Yes ☐   No ☐

10. 오답은 분석한 후 반드시 이해하고 넘어간다   Yes ☐   No ☐

성적의
노예가 아니라
삶의 주인으로
키워라
_ 마인드 편

우리 아이들은 집에서는 공부 안 한다고 혼나고, 학교에서는 성적이 나쁘다고 혼나고, 학원에서는 수업에 집중하지 않는다고 혼나기 바쁘다. 무언가를 잘한다고 칭찬을 듣는 것보다 "공부를 못한다" "노력을 안 한다" "끈기가 부족하다"라는 잔소리를 듣는 게 더 익숙하다. 아이들이 산만하고 무기력하며 집중을 하지 않는 이유는 바로 이러한 지적들 때문이다. "기발하다" "창의적이다"라는 칭찬 대신 "쓸데없는 짓 한다" "그 시간에 공부나 좀 해라" "커서 뭐가 되려고 그러느냐" 같은 꾸중을 먼저 들으니 새로운 시도 자체를 안 하는 것이다.

Plan 1. 성적이 아니라

아이에게 관심을 가져라 엄마주도학습에 성공하기 위해서는 스킬만큼 엄마들의 마인드가 중요하다. '10년을 생각하면 기술이 되지만, 100년을 생각하면 철학이 된다'라는 말처럼 어떤 바람에도 흔들리지 않을 엄마만의 확고한 교육 철학이 필요하다는 뜻이다. 이를 위해 가장 먼저 해야 할 일은 바로 아이에 대한 파악이다. 아이가 무엇을 좋아하고 어디에 재능을 보이는지, 몇 시간의 공부가 적절한지, 어떤 일을 할 때 가장 행복해하는지를 파악해야 하는 것이다.

아이에 대한 사랑이 지나쳐 엄마의 관심이 이상한 쪽으로 흐르는 경우가 있다. 아이의 실제 모습을 인정하는 대신 이상화된 모습을 만들어놓고 아이를 그 틀에 맞추려고 노력하는 것이 대표적이다. 아이가 싫어하는 발레 학원에 강제로 다니게 하고, 소질 없는 미술을 몇 년씩 시키기도 한다. 아이가 정말로 원하는 것을 살피지 않고, 아이를 통해 부모 자신의 욕구를 실현하려고 욕심을 부리는 셈이다. 이것은 관심이 아니라 간섭이다. 지나친 간섭은 의도와 관계 없이 아이와의 관계를 파괴시킨다.

흔히 반항이라고 하면 부모에게 대놓고 말대답을 하거나 공격적인 행동을 하는 것으로만 생각하지만, 이와 정반대로 자신이 희생양인 양 행동하는 수동적인 반항도 있다. 예를 들어, 자신의 적성과 상관없이 부모의 강요에 의해 축구를 하는 아이가 있다고 치자. 아이에게는 선택권이 거의 없다. 여기에 더해 부모가 과정보다 결과를 중요시하면 아이는 극심한 스트레스에 시달릴 수밖에 없다. 아무리 노력해도 부모의 기대를 충족시킬 수 없는 아이는 끝내 '될 대로 돼라'는 식의 마음을 가지게 된다.

결국 아이는 부모의 기대를 무너뜨려 자신을 포기하게 만들겠다는 극단적인 생각에 이른다. 이런 생각이 심각해질 경우 더 이상 축구를 할 수 없도록 스스로 자신의 다리를 망가뜨릴 수도 있다. 다리가 부러지는 고통을 감수해서라도 부모에게 좌절을 안기고 싶은 것이다. 성적과 관련해 지나친 중압감에 시달리는 아이는 일부러 백지 답안지를 내거나 답을 밀려 쓰기도 한다. 이 역시 형편없는 성적으로 부모를 실망시키려는 의도가 담긴 행위다.

아이를 작은 괴물로 만들고 싶지 않다면 성적이나 성과에서 벗어나 있는 그대로의 모습을 인정하고 관심을 가져야 한다. "이 모든 게 너를 위해서야"라고 말하기 전에, 엄마의 욕심을 아이에게 강요하고 있는 건 아닌지 되돌아보자. 엄마의 관심이 아이의 소질과 적성이 아닌 성적과 성과에 맞춰져 있다면 즉각 방향을 돌려야 한다. 그것이 바로 아이와 엄마가 한곳을 바라보며 같은 곳을 향해 걸어갈 수 있는 유일한 방법이다.

Plan 2. 입은 닫고, 귀를 여는 연습

사회적으로 40~50대 중년 남성들의 능력을 평가하는 기준은 경제력이다. 직업이 변변찮아도 돈이 많으면 능력이 좋은 사람으로 평가 받는다. 이러한 평가는 아이들에게도 이루어지는데, 잘 알다시피 그 평가 기준은 성적이다. 그런데 학교와 학원, 사회와 가정 등 아이가 속한 모든 곳에서 성적 하나로 능력을 평가한다면, 공부를 못하는 아이들은 더 이상 물러날 곳이 없다. 혹자는 돈만 있으면 이 모든 게 해결된다고 생각하는데, 이는 천만의 말씀이다.

경제적으로 안정된 강남 아이들은 타 지역의 학생들에 비해 반듯하다고 평가받는 편이지만, 그 속내를 들여다보면 사정이 달라진다. 가족과 대화는커녕 눈도 마주치지 않는 아이들이 허다하다. 의사, 판사, 변호사 등 성공한 부모형제 아래서 상처받는 아이들이 너무도 많은 것이다. 실제로 상담을 하다 보면 가족 중 그 누구도 자신의 말을 들어주지 않는다며 답답함을 호소하는 아이들이 많다.

"아무도 제 말을 들어주지 않아요. 그저 제가 부족하고 노력을 안 해서 그런 거래요."

능력이 너무 뛰어난 가족들 속에서 상처받은 아이가 남긴 말이다.

우리나라 엄마들은 성격이 참 급하다. 예를 들어, 아이가 "엄마 이제 진짜 겨울이 왔나 봐요. 오늘 날씨 진짜 추워요"라고 이야기할 경우, 엄마들은 뒷말은 듣지도 않고 일어나 내복부터 꺼내 든다. 이도 아니면 집안 곳곳을 뒤지며 두꺼운 외투, 장갑, 부츠 등의 방한용품을 찾기 바쁘다. 아이가 정작 하고 싶었던 말은 "스키장에 놀러 가고 싶다"였는데도 말이다.

스키장의 '스' 자도 꺼내보지 못한 아이의 손에 양말과 장갑이 쥐어지니 대화가 이어질 리 없다. 결국 이런 상황이 답답한 아이들은 "엄마는 아무것도 몰라!"라는 짧은 절규와 함께 자신의 방문을 닫아버린다.

'통즉불통通則不痛, 불통즉통不通則痛'이란 말이 있다. '혈의 흐름이 통하면 아프지 않고, 혈의 흐름이 통하지 않으면 아프다'라는 뜻이다. 아이와의 관계도 마찬가지다. 대화가 통하면 아프지 않고, 대화가 통하지 않으면 엄마와 아이 모두 아픔을 느끼게 된다. '통하고 싶다'면 아이의 입에서 마침표가 나올 때까지 기다려라. 이것이 바로 아이를 존중하는 최고의 방법이자, 아이에게 신뢰감을 주는 부모가 되는 지름길이다.

Plan 3. 무기력을
학습시키지 마라

동기부여를 하는 방법은 많다. 그중 제일 좋은 것은 아이를 있는 그대로 인정해주는 것이다.

어린 시절부터 유독 음식 만드는 것에 흥미를 보이는 아이가 있었다. 아이는 중학교에 올라가면서 본격적으로 요리사를 꿈꿨다. 목수가 연장을 아끼는 것처럼 주방 기기를 관리하는 아이를 본 엄마가 한마디 던졌다.

"프라이팬 닦을 기운으로 공부를 해봐라. 서울대는 떼놓은 당상이지."

축구를 잘하는 아이에게 수학을 못한다고 지적하고, 그림을 잘 그리는 아이에게 영어가 부족하다고 닦달한다. 엄마가 적극적으로 아이들의 동기부여를 가로막는 셈이다. 엄마의 주도력이 어느 방향으로 향해 있는가가 아이의 미래를 결정한다고 해도 과언이 아닌데 말이다. 혹시 우리 아이들이 하루에 몇 번이나 혼나는지 생각해본 적 있는가?

"아이를 얼마나 칭찬하는 것 같으세요?"

"칭찬이요? 글쎄요. 정확히 세어보지는 않아서… 두세 번? 그런데 확실한 건 잔소리는 무지하게 하죠. 혼내는 건 기본이고요."

말 못하는 어린아이들도 본능적으로 엄마의 사랑과 체온을 느낀다. 아이들은 경제적인 풍요로움과 논리적인 판단이 아니라 엄마의 따뜻함과 친절함, 그리고 자애로움을 원한다. 끊임없이 지적하고 혼내는 엄마보다는 자신을 있는 그대로 인정하고 품어주는 엄마를 바란다.

그런데 우리 아이들은 하루종일 혼나기 바쁘다. 집에서는 공부 안 한다고 혼나고, 학교에서는 성적이 나쁘다고 혼나고, 학원에서는 수업에 집중하지 않는다고 혼난다. 무언가를 잘한다고 칭찬을 듣는 것보다 "공부를 못한다" "노력을 안 한다" "끈기가 부족하다"라는 잔소리를 듣는 게 더 익숙하다. 아이들이 산만하고 무기력하며 집중을 하지 않는 이유는 바로 이러한 지적들 때문이다. 무언가를 시도했을 때 "기발하다" "창의적이다" 라는 칭찬 대신 "쓸데없는 짓 한다" "그 시간에 공부나 좀 해라" "커서 뭐가 되려고 그러느냐" 같은 꾸중을 먼저 들으니 새로운 시도 자체를 안 하는 것이다.

미술을 싫어하는 아이에게 그림 도구 일체를 마련해주고, 최고의 그림 선생님을 붙여준다고 해서 아이가 그림을 잘 그릴 수 있을까? 낚시에 흥미가 없는 아이를 강제로 낚시터에 끌고 간다고 해서 고기를 잘 낚을 수 있을까?

아이가 그림을 잘 그리기 위해서는 무엇보다 선천적인 소질과 흥미가 있어야 한다. 만약 소질이 발견되면 엄마가 주도적으로 그림을 그려야 하는 이유를 찾아준 다음 어떤 그림을 그리는 게 좋을지 스스로 궁리하게 만들어야 한다. 낚시도 공부도 마찬가지다.

공부를 해야 할 이유를 모르고, 공부보다 재미있고 잘할 수 있는 일이 많은데 "공부하라"는 말이 귀에 들어올 리 없다. 엄마주도학습이 제대로 이뤄지기 위해서는 먼저 아이가 잘하는 것을 인정하고 칭찬하는 지혜가 필요하다. 축구를 잘하는 아이의 수학 성적이 단 5점이라도 올랐으면 공 차는 시간을 비난하지 말고 그 5점을 칭찬해줘야 하는 것이다.

Plan 4. 아이의 꿈에
날개를 달아주는 일

학생들에게 "네 꿈이 뭐니?"라고 물어보면 대부분 우물쭈물거리며 쉽게 대답하지 못한다. 한참을 망설인 끝에 기껏 한다는 말이 "좋은 학교에 가고 싶어요"라는 게 전부다. 학부모들은 이런 자녀를 보며 혀를 끌끌 차기 바쁘다.

"도대체 쟤는 왜 그래? 우리 때는 형이 쓰던 낡은 참고서 하나로도 공부만 잘했는데."

부모들은 요즘 아이들이 결핍 또는 헝그리 정신이 부족하다고 말하는데, 그보다 더 큰 문제는 아이들에게 꿈이 없다는 사실이다. 학교, 학원, 과외 등 공부에 치이다 보니 비전을 설정하고, 꿈을 결정하고 이를 이루기 위해 어떤 노력을 해야 하는지 생각할 시간조차 없는 것이다. 꿈이 없는 아이들은 일상이 무의미하다. 매일 아침 일어나 학교로, 방과 후에는 곧장 학원으로 직행하는 일과를 기계처럼 반복한다. 집으로 돌아와서는 학교와 학원 숙제를 하느라 자정을 넘겨 곯아떨어지기 일쑤다.

단순 육체노동자처럼 주어진 일을 허겁지겁 해치우는 일상의 반복. 공부가 힘들 때, 공부가 하기 싫을 때 '나는 커서 ○○○이 될 거야. 그러니 준비하는 마음으로 열심히 해야지'라고 스스로를 격려해야 하는데, 아무런 꿈이 없으니 공부가 노동이 되고 수업이 시간을 죽이는 허무한 과정이 되는 것이다.

30년을 넘게 살아도 자신의 꿈을 못 찾은 사람이 많은 현실에서, 아이들 스스로 구체적인 꿈을 갖기란 말처럼 쉬운 일이 아니다. 무엇보다 아이 스스로 본인에게 어떤 능력과 잠재력이 숨어 있는지 알지 못한다. 그래서 나는 학생들과 이야기를 나눌 때 막연한 꿈보다는 먼저 명확한 '비전' 만들기를 권한다.

얼마 전 상담실에 엄마와 함께 초등학교 3학년 남학생이 찾아왔다. 초롱초롱한 눈망울이 매우 인상적인 아이였다. 어느 정도 상담이 진행된 후 아이에게 꿈을 물었다.

"커서 무엇을 하고 싶니?"

"비행기요! 비행기를 몰고 싶어요!"

요즘 아이들답지 않게 순수한 꿈을 간직한 아이가 예뻐 보여 격려의 말을 전하려는데, 옆에 앉아 있던 엄마가 먼저 입을 열었다.

"너 비행기가 무슨 자동차인 줄 알아? 아무나 몰게? 항공기 조종사 연봉이 얼마나 높은데. 그 연봉을 받으려면 무조건 대학을 나와야 한다고. 그런데 공부도 전혀 안 하는 놈이 무슨 비행기를 몬다고. 얘가 이래요. 노력도 안 하면서 매일 뜬구름 잡는 소리만 한다니까요."

엄마의 신랄한 비판에 아이도 나도 할 말을 잃었다. 물론 엄마도 걱정되는 마음에 하는 소리겠지만, 이는 아이의 비전을 죽이는 것과 다를 바 없다. 비전이라는 것은 먼 미래의 상황을 구체화해 생각하고 상상하는 것이니 근거나 논리가 없어도 된다. 이럴 때는 차라리 아이가 비전을 통해 학습 동기를 형성할 수 있도록 지혜롭게 격려하는 게 낫다.

"항공기 기장이나 전투기 조종사가 되려면 일단 영어는 기본으로 해야 해. 관제탑과 교신도 모두 영어로 이뤄지잖니. 그럼 어떻게 해야 되겠어? 공부를 더 열심히 해야겠지? 자, 선생님이 뭘 도와줄 수 있는지 좀 볼까?"

비전이 없는 아이들을 만나면 나는 눈을 감고 인생의 황금기라고 생각하는 시점을 상상해보라고 말한다. 서른의 모습도 좋고 마흔의 모습도 좋다. 멋진 자동차를 타고 큰 건물 앞에서 내리는 CEO의 모습도 좋고, 미지의 땅에서 의료봉사를 하는 의사의 모습도 좋다. 아이들이 공부에 지치고 힘들 때 다시 일어서게 만드는 힘, 다시 책을 펼칠 수 있는 원동력을 만드는 게 목적이니 이 순간만큼은 성적, 환경, 성별, 성향 등을 깨끗이 무시해도 된다. 아이가 인생을 바꿀 수 있도록 생각을 변화시켜주자. 담대한 비전으로 오늘이 아닌 내일이 기대되는 아이를 만들어주자. 내 아이의 꿈에 날개를 달아주는 일, 생각보다 어렵지 않을 것이다.

CHAPTER 3

절대 실패하지 않는
초등 공부의 모든 것

초등 공부에 대한 엄마들의 오해와 진실

국어, 영어, 수학이 모든 공부의 기본이자 가장 중요한 과목이라는 사실을 모르는 사람은 없다. 그래서일까? 엄마들은 아이가 연필을 쥘 능력만 되면 바로 국어와 연산, 그리고 알파벳 공부를 시키려 든다. 서너 살 된 아이에게 일주일에 한 번씩 학습지 선생님과 수업을 시키거나 홈스쿨링을 시작한다. 어린 시절부터 이렇게나 많은 시간을 투자한 공부인데 입시를 앞두고 영어 포기자, 수학 포기자가 나오는 이유는 무엇일까?

국, 영, 수 공부법에 대한 엄마들의 착각

학교에서 전교 1등을 놓치지 않는 아이가 있다. 이번 시험에서도 어김없이 전교 1등을 한 아이에게 반 친구가 묻는다.

"너 이번에도 1등 했더라? 대단한데?"

"뭐, 그냥 교과서 중심으로 예습, 복습을 철저히 하고…."

"이게 누굴 바보로 아나? 그런 거 말고 너만의 비법이 있을 것 아니야. 같이 좀 살자."

"아, 비법? 국, 영, 수를 중심으로…."

"…."

실없는 우스갯소리 같지만 위 대화는 사실 진리다. 국어, 영어, 수학이 모든 공부의 기본이자 가장 중요한 과목이라는 사실을 모르는 사람은 없다. 그래서일까? 엄마들은 아이가 연필을 쥘 능력만 되면 바로 국어와 연산, 그리고 알파벳 공부를 시키려 든다. 서너 살 된 아이에게 일주일에 한 번씩 학습지 선생님과 수업을 시키거나 서점에 산 교재로 홈스쿨링을 시작하기도 한다.

어린 시절부터 이렇게나 많은 시간을 투자하는데 입시를 앞두고 영어 포기자, 수학 포기자가 나오는 이유는 무엇일까? 국어라고 다를 바 없다. 오히려 영어, 수학이 아닌 국어 때문에 명문대 진학이 힘들었다는 학생들이 의외로 많다. 이는 엄마들이 국, 영, 수 공부법에 대해 커다란 착각을 하고 있다는 방증이다.

먼저 국어 공부에 대한 엄마들의 착각을 이야기해보자. 엄마들은 자꾸 독서와 국어 실력을 혼동한다. 책만 많이 읽으면 저절로 독해 능력이 키워지고 시험 문제도 척척 풀어낼 것이라 믿는다. 여기에 더해 어떤 책이든 많이 읽으면 도움이 된다고 생각하는 엄마들도 있는데, 이는 완벽한 착각이다. 무협지나 판타지 소설에 빠져 종일 집 앞에 있는 도서대여점만 드나드는 아이를 보고 독서에 열심이라고 좋아해서는 안 된다. 자극만 가득한 판타지 소설을 시리즈로 읽는 것은 국어 실력 향상과 무관하며 학교 시험에서는 더더욱 무용지물이기 때문이다. 양서도 예외는 아니어서 단순히 독서의 양을 늘리는 것과 국어시험에 대비하는 것은 전혀 다르다는 사실을 인식해야 한다.

이 같은 엄마들의 착각 때문인지 학년이 올라갈수록 국어를 버거워하는 아이들이 많다. 우리가 평소 사용하는 말과 글이라고 우습게 생각하지 말고 어법, 어휘 등의 교재를 구입하여 하루 한 페이지씩이라도 꾸준히 공부하게 해야 한다.

더불어 우리나라 말은 한자의 비중이 크다. 한자의 뜻을 제대로 알아야만 제대로 된 독해가 가능하다. 꾸준히 한자도 공부해야 하는 셈이다. 그래야만 국어 성적을 잘 받을 수 있고, 다른 과목에서도 국어 실력의 덕을 볼 수 있다. 참고로 중고등학교에서 지문을 이해하지 못해 다른 과목 시험에도 영향을 받는 경우가 많다.

다음으로 영어 공부에 대한 엄마들의 착각을 이야기해보자. 엄마들은 단어 암기를 영어의 기본이라라고 생각한다. 그리고 학원들은 이러한 엄마들의 착각을 적극 활용한다.

"얼마 전 영어 학원을 바꿨는데, 아이가 외워오는 단어의 양이 달라요. 좋은 학원으로 옮긴 것 같아요."

"우리 아이는 매일 학원에서 늦게 와요. 단어 시험에 통과해야 보내주는데 아마 지금 복도에서 외우고 있을 거예요."

상담실에 찾아와 이렇게 말하는 엄마들이 많다. 하지만 학원이나 학교 시험을 통과하기 위한 면피용 암기가 좋은 학습 효과를 불러올 리 만무하다. 암기에 대한 숨 막히는 중압감 때문에 아이들은 얼마 지나지 않아 엄마에게 갖가지 이유를 대고 학원을 옮기거나 끊어버리기 일쑤다. 만약 중학교에서 학년에 맞는 영어 실력을 갖추지 못하면 고등학교 내내 영어와 수학을 동시에 공부해야 한다. 영어를 제대로 마스터한 친구들이 국어와 사회·과학 탐구 등 수능에 필요한 다른 과목에 공부 시간을 할애할 때 수학에 영어까지 공부해야 하는 아이는 그야말로 숨이 턱까지 차오른다. 당연히 좋은 성적은 기대하기 어렵고, 압도적인 양에 질린 아이들은 공부를 포기하기에 이른다. 그것도 영어 혐오증만 가득 안은 채 말이다.

아이에게 제대로 된 영어 공부를 시키려면 다음의 4가지 원칙만 기억하자.

하나, 영어 환경에 대한 접촉을 최대한 늘려라. 가족 해외여행, 원어민 학원, 다양한 시청각 교재에 노출시키는 것이 중요하다. 영어 만화책, 그림책, 시각적 자료가 많은 과학책 등 영어로 쓰인 모든 것을 보고, 듣고, 읽게 하는 게 큰 도움이 된다.

둘, 영어에 대한 흥미를 유발시켜라. 특히 시험 및 수업이 아닌 공동 작업 및 토론은 빠른 언어 습득에 도움이 된다. 단, 타인이 써준 원고를 앵무새처럼 외워서 발표하는 디베이트Debate 수업은 큰 도움이 되지 않는다. 디베이트 수업이란, 일정 주제에 대해 서로 대립된 의견을 가진 사람들이 모여 자신의 의견을 개진하는 토론 형태의 수업을 말한다.

셋, 영어 교재 선택의 중요성을 간과하지 마라. 다양한 일러스트와 과제로 쉽게 질리지 않는 교재를 선택하고, 아이 스스로 읽을 수 있는 소설책을 찾아보자. 개인적으로 《찰리와 초콜릿 공장》《마틸다》 등으로 유명한 로알드 달의 소설을 추천한다.

넷, 영어 학습기관 선택 시 반드시 커리큘럼을 확인하라. 단순한 단어 암기나 중고등 선행을 위한 학원은 피하는 것이 옳다.

상담을 하다 보면 영어공인성적이 꼭 필요한지 묻는 엄마들이 많다.

"토플 성적이 필요한가요? 생기부나 입학원서에 기재도 못 하는데 꼭 따야 하나요?"

대답은 "예스"다. 문과, 이과에 관계없이 영어공인성적은 기본 능력에 속한다. 영어공인은 영어에 대한 자신감의 근거이고 입시에 도움이 되는 능력이다. 입시에서 내신과 더불어 가장 기본적인 능력이 되는 것이다.

영어공인시험의 대표격인 토플TOEFL, Test of English as a Foreign Language 시험에 대해 알아보자. 토플은 영어권 대학 강의실에서 사용되는 읽기, 쓰기, 듣기, 말하기, 영역에 대한 영어 사용 능력과 이해 능력을 평가하는 척도다.

IBT¹Internet Based TOEFL는 미국교육평가원ETS에서 시행하는 새로운 방식의 토플시험으로 우리나라에서는 2006년 9월부터 시행되었다. 읽기, 듣기, 말하기, 쓰기를 평가하는데 항목당 30점으로 만점은 120점이다.

토플 등 영어공인성적은 대입 수시 학생부종합전형에 제출하지 않지만 대입 수시 실기전형에는 제출하는 경우가 많다. 학교에 따라 영어 면접과 에세이 시험이 실시되는 곳도 있다. 2018학년도부터는 카이스트도 영어 면접을 시행한다고 발표했다.

영어로 밥 먹고,
수학으로 대학 간다 수학 공부에 대한 엄마들의 착각을 이야기해보자. 단순히 입시만 놓고 보면 영어보다 수학이 더 중요하다고 말할 수 있다. 수학은 문과, 이과 구분 없이 아이들이 가장 힘들어 하는 과목이자, 공부 시간이 많이 요구되는 과목 중 하나다. 단순한 암기는 통하지 않고 벼락치기도 불가능한 과목이어서 초기에 제대로 잡아주지 않으면 제풀에 지쳐 공부를 포기하기 쉽다.

엄마들은 수학 문제를 많이 접하면 접할수록 아이의 실력이는다고 생각한다. 수학은 죽어라 푸는 것밖에 방법이 없다고 생각하는 것이다. 결국 영어 단어처럼 수학 문제의 양에 압도당한 아이들은 수학 자체에 큰 두려움을 가지게 된다. 이것이 바로 수학 포기자가 늘어나는 이유다.

얼마 전 한 신문기사를 보니 전국의 일반 고등학교 1,637개교 중 절반가량인 741개교의 1학년 수학 평균 점수가 100점 만점에 50점 미만이라고 한다. 아이러니하게도 사교육비 중 가장 지출이 높은 과목이 바로 수학이다.

"영어는 공부하면 나중에 써먹을 수나 있죠. 도대체 이놈의 수학은… 그래도 어쩌겠어요. 포기할 수 없는 과목이니 더 노력해봐야죠. 그래서 말인데요. 어디 좋은 학원 없을까요?"

미분과 적분을 몰라도 살아가는 데 아무 지장이 없다고 하소연하면서도, 입시에서 큰 비중을 차지하는 과목이라 수학을 포기하지 못하는 학부모들이 많다. 아이는 이미 수학 포기자가 되었지만 엄마들이 미련을 놓지 못한다는 표현이 더 정확할 것이다.

수학은 초등학교 4학년부터 아이들의 수준에 따라 격차가 벌어지기 쉬운 과목이다. 따라서 초등 저학년 시절 수학은 재미있고 즐거운 과목이라는 것을 인식시켜줘야 한다.

2013년도를 기점으로 초등 수학이 스토리텔링 수학을 바탕으로 한 '스팀형STEAM 수학'으로 바뀌었다. 스팀형 수학이란 과학

Science, 기술Technology, 공학Engineering, 예술Art 등 다양한 학문에 수학Mathematics을 결합해 융합적인 사고력을 기르는 교육을 말한다. 이는 수학이 단순한 연산이 아니라 논리적이고 창의적인 사고력에 무게를 둔다는 의미다. 통찰력 있는 시각을 길러 실질적인 문제해결 능력을 배양하겠다는 의도가 담긴 것이다.

스토리텔링 수학은 단순히 수학 공식을 암기하는 것에서 벗어나 이야기를 통해 수학의 개념과 원리를 깨닫게 하는 데 그 핵심이 있다. 단순 연산에서 벗어나 사회, 과학, 예술, 문화 등 다양한 분야의 문제들을 수학적 관점에서 다뤄주는 것이다. 따라서 수학은 쉽고, 재미있고, 즐거운 과목이라는 인식을 심어주는 게 가장 중요하다.

영어로 밥 먹고살고 수학으로 대학 가는 세상이다. 수학으로 대학 가기 위해서는 다음의 4가지 원칙만 지키면 된다.

하나, 계산 연습과 수학 공부를 분리한다. 학습지는 매일 일정량을 시간을 정해 풀게 한다. 이때 중요한 것은 문제의 양이 아니다. 제한 시간에 한두 문제만 풀더라도 여러 가지 생각을 통한 깊은 사고력을 키울 수 있다면 그걸로 족하다.

둘, 엄마가 수학을 재미있게 가르쳐주는 스토리텔러가 되어야 한다. 엄마와의 일상 대화를 통해 수의 의미, 식의 의미를 안다면 수학이 얼마나 재미있겠는가.

예를 들어, 아이가 "엄마 센티미터가 뭐야?"라고 물어보면 '길이의 단위'라는 기본 개념을 알려주고, 자 대신 엄마와 아이의 몸을 도구로 이용한다. 서로의 팔과 다리의 길이를 재면서 센티미터의 개념을 익히게 하는 식이다.

"아, 수학만 보면 머리가 아파" "구구단만 알면 생활하는 데 아무 지장 없는데, 뭐가 이리 복잡해?"라는 엄마의 말 한마디가 자녀의 수학 공부를 방해한다는 사실을 기억하라.

셋, 야단치고 윽박지른다고 실수가 없어지지 않는다. 집에서 문제집을 풀면 항상 100점을 받는데 막상 시험을 보면 두 문제씩 틀리는 아이가 있다. 긴장과 불안 탓이다. 좋은 성적을 강요하는 엄마 아래서 마음 편할 아이는 없다. 불안한 아이의 마음을 헤아려주면 머지않아 아이는 자신감을 회복하게 될 것이다.

넷, 양에서 자신감을 얻게 하지 말자. 많은 엄마들이 선행학습에 대해 고민한다. 아직은 너무 어리다는 생각으로 손을 놓고 있다가도 "초등학생인데 누구는 정석을 풀고 있다더라" "어디 학원에 들어가려면 3년 선행은 기본이라더라" 등의 말을 들으면 마음이 흔들린다.

만약 선행학습을 시작했다면 아이들의 '허세'를 주의하라. 초등학교 6학년이 중학교 3학년 수학 문제는 쉽게 풀면서, 정작 자기 학년의 문제를 풀지 못하는 경우가 있다.

그 이유를 물어보면 "문제가 너무 쉬웠어요" "배운 지 오래돼서 잠깐 실수했어요"라고 대답하는데, 이는 아이가 이미 배운 내용이라는 이유로 수업 시간을 소홀했다는 의미다. 결국 기초가 부실해 실력이 부족해질 수밖에 없다.

수학 시험을 볼 때 어려운 문제는 다 맞히고 쉬운 문제를 틀리는 아이들이 있는데, 이 역시 마찬가지다. 다른 친구들보다 앞서 중학교 수학을 배우니 초등학교 수학은 시시하다고 생각하여 허세를 부린 결과, 쉬운 문제를 틀리게 되는 것이다.

선행학습에서 가장 중요한 것은 '실속'이다. 선행학습을 제대로 하는 아이들은 '현행학습'에도 충실하다. 그래서 중학교 수학은 물론 자기 학년의 문제를 밥 먹듯 수월하게 풀어낸다. 이것이 바로 아이의 진짜 실력이고 제대로 된 선행학습의 결과다.

대치동 엄마들이 역사 공부에
목숨을 거는 이유

'대치동으로 이사를 오면 가장 먼저 콧대 높은 유명학원의 대기자 명단에 자녀의 이름을 올려놓아야 한다'라는 말이 있다. 언뜻 이해가 가지 않겠지만 현실이 그러하다. 엄마들이 꼭 보내고 싶어 한다는 A학원에 전화를 걸어 보면 이런 대답을 들을 수 있다.

"전화로도 예약은 가능한데, 예약번호를 꼭 기억해놓으시기 바랍니다. 입학은 예약 후 평균 3~12개월 뒤에 가능합니다. 자녀의 차례가 되면 문자 메시지로 통보해드립니다."

상위권 학생들이 많이 다닌다는 B학원은 조금 더 엄격하다.

"입학을 희망하시는 분은 기다리는 기간이 있으므로 직접 나오셔서 상담을 받으시고, 학생의 학습상황을 적어주시기 바랍니다. 전화로는 신청을 받지 않습니다."

최강은 초등학교, 중학생을 대상으로 하는 독서 토론 전문학원이다. 이 학원의 모토는 '역사를 알면 미래가 보인다'이다. 인기 학원답게 입학 절차 또한 상당히 까다로워서, 홈페이지에 대기를 신청하고 순번이 되면 일단 방학특강을 듣게 된다. 정규반 편성을 위한 예비과정으로, 수업 후 태도와 실력이 좋은 일부 학생만 정규반에 편성시킨다.

어찌 보면 참으로 치사하고 불쾌하기까지 한 과정인데 엄마들은 이 학원에서 역사를 배울 수 있도록 대기자 명단에 이름 올려놓기를 주저하지 않는다. 대기 기간은 보통 1년 정도다. 엄마들이 이토록 역사 공부에 매달리는 이유는 무엇일까?

2017학년도 대학수학능력시험(수능)부터 한국사는 필수 과목이 되었다. 한국사에 응시하지 않을 경우 전체 성적이 무효 처리

되며 수능성적표는 발급되지 않는다. 총 20문항으로 이루어진 한국사 시험은 절대평가로 점수가 부여되는데 50점 만점에 40점 이상이면 1등급이다. 40점을 기준으로 5점 간격으로 등급이 정해지고 대부분의 대학은 3~6등급 수준을 요구한다. 2017학년도 수능 한국사는 전체적으로 평이했다는 평을 받았으며 1등급을 받은 학생이 21.77퍼센트(12만 227명)였다. 전체 학생의 57.5퍼센트가 3등급 이상을 받았다.

2017학년도 수능 이전에도 한국사는 서울대학교 인문계열에 지원하는 학생들의 필수과목이었다. 인문계열 학생들이 응시하는 사회탐구 과목 중 반드시 한 과목은 한국사를 선택해야 서울대에 지원할 수 있었다. 이러한 사실을 누구보다 잘 알기에 대치동에서는 초등학생을 대상으로 하는 국어논술 학원에서 대부분 정규과정 혹은 방학 특강을 통해 역사수업을 진행한다. 초등학교 4, 5학년은 주로 한국사를 배우고, 6학년은 세계사를 배우는데 중학생이 되면 학교 내신과 연계된 깊이 있는 공부를 하게 된다.

단순히 교재를 보는 것만으로 끝나지 않고 직접 국내와 해외를 탐방하기도 한다. 앞에서 언급한 독서 토론 전문 학원의 해외투어 캠프는 1999년 시작돼 현재까지 인기리에 진행되고 있다. 주로 한 나라를 정해 10일 정도 여행하는데 참가 자격도 까

다룹다. 학원에서 1년 이상 공부한 우수한 학생들을 최우선으로 선발한 후, 여러 번의 사전 스터디를 통해 방문할 나라의 역사적 배경지식을 쌓고 출발한다.

무효학습과 유효학습

엄마들이 이렇게 공을 들이는 역사 과목의 시험 결과가 시원찮은 경우가 적지 않다. 분명히 자녀가 책상에 앉아 공부하는 모습도 봤고, 학원에서 시험 전 특강도 들었고, 시험 전날 엄마랑 같이 Q&A도 했는데 시험 성적을 보니 기가 막힐 따름이다. 도대체 무엇이 문제란 말인가?

'무효학습'과 '유효학습'이라는 말이 있다. $y=f(x)$라는 공식을 놓고 봤을 때, x=노력과 시간, f= 기억률, $y1$=성적, $y2$=느낌(싫증, 딴짓)이 된다. 같은 시간을 공부해도 결과(기억의 출력)는 다른 것이다. 왜 이런 결과가 나오는지 그 이유를 생각해보자.

하나, 평소 독서가 부족하면 역사책을 펼쳐도 모르는 내용투성이다. 아이들에게 처음 보는 내용, 새로운 용어, 수많은 지명과 숫자는 생소하기만 하다. 머릿속에서 재미있는 이야기구조가 만들어지지 않기에 점점 지루해지고 다른 생각만 하게 된다. 집중도가 현저히 떨어지는 것이다.

둘, 단순 암기는 곧 죽음이다. 아무 의미도 느끼지 못하고 이해도 못한 상태에서의 암기는 독과 같다. 아무리 많은 양을 저장해도 정작 필요한 곳에서 출력이 불가능하다.

셋, 사회, 역사 등 우리가 보통 말하는 암기 과목은 '이야기 과목'이다. 이야기는 일단 재미가 있어야 한다. 다른 사람과의 대화를 떠올려보자. 이야기를 들을 때 조금은 알고 있는 이야기(예습 효과), 관심 있는 분야의 이야기(흥미 효과), 쉽게 알아들을 수 있는 이야기(접근 효과)는 재미도 있고 기억에도 오래 남는다.

아이들은 자신이 책이나 잡지에서 읽었던 내용을 교과서에서 발견하면 유독 흥미를 보인다. 아는 만큼 보이고, 보이는 만큼 행동한다는 말처럼 본인이 아는 내용이 나오면 신이 나서 적극적으로 수업에 참여하게 된다. 독서는 아이들의 학습 능력을 배가시키고, 논술과 면접에서도 좋은 평가를 받게 만드는 가장 강력한 무기인 셈이다.

독서 습관은 시작이 중요한데 초등학교 저학년이라면 어렵고 딱딱한 책보다는 재미있고 내용이 쉬운 학습만화를 통해 이야기의 재미를 느끼게 하는 것이 좋다. 대표적으로 이원복 교수의 《먼 나라 이웃 나라》를 추천한다.

[표 10] 초등학생이 읽으면 좋을 잡지

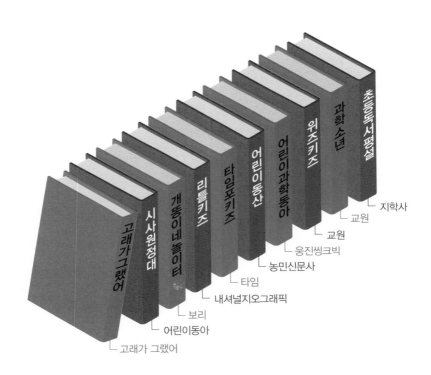

고래가그랬어 — 고래가 그랬어

시사원정대 — 어린이동아

개똥이네놀이터 — 보리

리틀키즈 — 내셔널지오그래픽

타임포키즈 — 타임

어린이동산 — 농민신문사

어린이과학동아 — 웅진씽크빅

위즈키즈 — 교원

과학소년 — 교원

초등독서평설 — 지학사

독서활동상황에
주목하라

독서가 중요하다는 것을 모르는 사람은 없다. 학교나 학원의 선생님, 공부의 신이라 불리는 아이들, 기업 CEO들까지 독서의 중요성을 강조한다. 그런데 문제는 정작 책을 읽어야 할 아이들이 미동도 않는다는 데 있다.

"아이가 글을 읽기 시작한 순간부터 전집이란 전집은 다 사줬는데, 정작 아이는 나 몰라라 하네요. 집도 좁은데 자리만 차지하는 저 많은 책을 버려야 할지 고민입니다."

"책 좀 읽으라고 하면 숙제가 많다고 하고, 숙제가 끝나면 바로 컴퓨터로 돌격하네요. 오늘 공부는 끝났다는 무언의 항의죠."

책이 마음의 양식을 길러주고 삶의 지혜를 알려주는 최상의 도구라 할지라도 모든 사람이 책을 좋아할 수는 없다. 평안 감사도 제 싫으면 그만이라고, 자녀에게 독서를 권할 수는 있지만 그 내용을 머릿속까지 밀어넣을 수도 없는 노릇이다. 그럼에도 엄마들이 책과의 전쟁을 벌이는 이유는 간단하다. 독서가 단순한 취미 활동이나 배경지식을 쌓는 도구로 활용되는 것 외에 교내 활동은 물론 입시에까지 상당한 영향을 미치기 때문이다.

독서활동은 [표 11]의 학교생활기록부 9번 '독서활동상황'에 기재되는데 의무사항은 아니어서 학생마다 기록 상태는 천차만

[표 11] 학교생활기록부

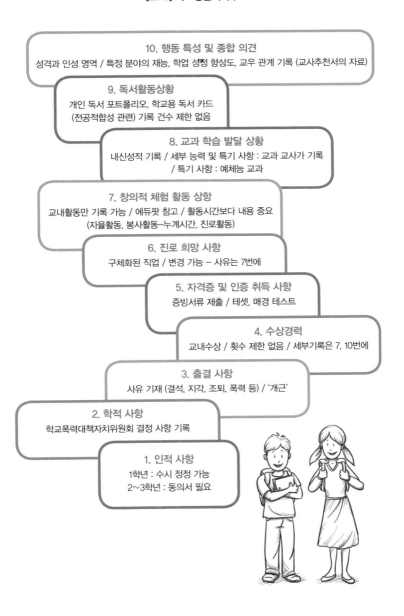

10. 행동 특성 및 종합 의견
성격과 인성 영역 / 특정 분야의 재능, 학업 성정 향상도, 교우 관계 기록 (교사추천서의 자료)

9. 독서활동상황
개인 독서 포트폴리오, 학교용 독서 카드
(전공적합성 관련) 기록 건수 제한 없음

8. 교과 학습 발달 상황
내신성적 기록 / 세부 능력 및 특기 사항 : 교과 교사가 기록
/ 특기 사항 : 예체능 교과

7. 창의적 체험 활동 상항
교내활동만 기록 가능 / 에듀팟 참고 / 활동시간보다 내용 중요
(자율활동, 봉사활동—누계시간, 진로활동)

6. 진로 희망 사항
구체화된 직업 / 변경 가능 – 사유는 7번에

5. 자격증 및 인증 취득 사항
증빙서류 제출 / 테셋, 매경 테스트

4. 수상경력
교내수상 / 횟수 제한 없음 / 세부기록은 7, 10번에

3. 출결 사항
사유 기재 (결석, 지각, 조퇴, 폭력 등) / '개근'

2. 학적 사항
학교폭력대책자치위원회 결정 사항 기록

1. 인적 사항
1학년 : 수시 정정 가능
2~3학년 : 동의서 필요

별이다. 숙제하듯이 간신히 3권을 올리는 학생이 있는 반면 학기당 40권씩 올리는 학생도 있다. 독서활동상황을 제대로 기록하고 싶다면, 독서 활동 온라인 지원 프로그램인 '독서교육종합지원시스템(http://reading.ssem.or.kr)'을 이용하는 것도 좋다.

다음은 학교생활기록부의 독서활동 항목을 멋지게 기록하기 위한 4가지 방법이다.

하나, 읽은 책의 종류를 인문·사회, 자연·과학, 예체능, 직업 등으로 나누어 기록한다. 이는 편식하듯 한 분야에 치우치지 않고 다양한 주제의 독서활동을 해왔음을 보여준다. 요즘 대학에서는 융합형 인재를 원한다. 이과 학생이라고 해서 이과 관련 책만 읽으면 매력적으로 평가받을 수 없다. 의사나 과학자가 되고 싶은 학생도 인문학을 알아야 하고 교양도서도 읽어야 한다.

둘, 학년에 맞는 책으로 기록한다. 기록을 위한 기록을 하다 보면 자칫 읽지 않은 책이나 나이와 수준에 맞지 않는 책을 기록하기도 한다. 초등학교 1학년 학생이 니체의 《차라투스트라는 이렇게 말했다》를 적으면 누가 봐도 전시용 기록임을 알게 된다.

셋, 자기소개서와 연관지어 기록한다. 예를 들어 서울대 자기소개서의 5번 항목은 독서활동과 관련되어 있다. '고등학교 재학 기간 또는 최근 3년간 읽었던 책 중 자신에게 가장 큰 영향을 준 책을 3권 이내로 기술하라'는 식이다. 이때는 독서활동을 '영향'이라는 키워드 속에 녹여내는 게 중요하다. 다시 말해서 '이 책을 읽고 나는 이렇게 변했다'라는 것을 표현해야 한다.

넷, 기록 건수에 제한이 없으므로 가능한 많은 양을 기록한다. 독서활동은 학생의 지적인 능력은 물론 생각의 흐름까지 파악할 수 있는 중요한 도구다. 학창 시절은 각종 정보를 입력Input하는 시기다. 스펀지처럼 세상의 모든 정보를 입력하여 추후 자신만의 색깔로 출력Output해야 빛이 나는 것이다. 따라서 가능한 많은 양을 읽고 기록을 남기는 것이 사고의 성장 과정과 발전 과정을 보여주는 좋은 도구가 될 것이다.

2017년부터 학교생활기록부 9번 독서활동상황에 책 제목과 저자만을 쓰게 되었다. 따라서 학생의 지적 수준과 관심 분야에 적합한 도서 선정이 더 중요해졌다. 학교생활기록부에 기재하는 도서는 특목고나 명문대 면접시험에서 단골 문제가 된다. 독서활동은 충실한 학교생활의 증거인 동시에 상급학교 입시에서 학생의 역량을 보여주는 지표가 되니 말이다.

참고로 상급학교 입시에서 가장 중요한 자료로 처리되는 학교생활기록부는 각 지역 교육청의 '나이스 학부모서비스'를 통해 열람하거나 각 학교 행정실에서 발급받을 수 있다. 이것은 학기별로 기록되는 법적인 자료이며 기록 기한과 수정 기한이 정해져 있다.

독서가 중요하다는 것은 모든 학부모가 알지만, 정작 독서가 입시에서 어떻게 인식되는지 아는 사람은 많지 않다. 다음은 서울대학교 입학처 홈페이지에 있는 글이다. 이 글을 보면 독서에 대한 올바른 이해가 될 것이다.

예비 서울대생이라면 독서는 기본입니다

독서는 모든 공부의 기초가 되며, 대학생활의 기본 소양입니다. 어디서 책을 찾을까요? 수업 안에서도 답을 얻을 수 있습니다. 교과와 관련된 인문학, 사회과학, 자연과학, 철학, 공학 분야 도서를 수업 활동 중 선생님이 추천해주실 수도 있고 토론활동, 주제탐구 활동에도 관련 도서를 만날 수 있습니다.

어떤 책을 읽어야 할까요? 그것은 여러분의 선택입니다.

이미 학교생활에서 도서를 선정하는 계기를 많이 접할 수 있을 것입니다. 더 알고 싶은 분야의 전문서적을 찾아 읽을 수도 있고, 호기심으로 책을 선택할 수도 있을 것입니다. 책을 읽다가 생긴 궁금증로 또 다른 책을 선택하기도 합니다.

어떤 분야의 책이든지 읽고 또 읽어가는 사이에 생각하는 힘, 글쓰기 능력, 전문지식, 의사소통 능력, 교양이 쌓여갈 것입니다.

타의에 의한 수박 겉핥기식 독서는 도움이 되지 않습니다. 수많은 책들 가운데 그 책이 나에게 왜 의미가 있었는지, 읽고 나서 나에게 어떤 변화를 주었는지 생각하기 바랍니다.

_출처 서울대학교 입학처 홈페이지

자기 표현력이 강한 아이가

리더로 성장한다　　　　국제중이나 특목고를 희망하는 학생들은 대부분 학급회장이나 전교회장을 해본 경험이 있다. 학교에서 인지도도 높이고 리더십도 인정받을 기회이기 때문에 엄마들이 적극적으로 회장 선거에 나서기도 한다. 상급학교 입학 서류인 '자기소개서-교내외 활동' 부문에 회장이 된 과정을 기록할 수 있고 '교사 추천서-리더십 및 목표의식'부문에 리더십을 입증하는 구체적 사례로 서술될 수 있기 때문이다.

　이런 연유인지는 몰라도 요즘 초등학교의 회장 선거 열기가 뜨겁다. 각 신문에서는 '새 학년 회장 선거, 이렇게 하면 당선!'이라는 기사의 제목이 올라오고 무료로 배부되는 지역신문에는 어김없이 '회장 선거 준비'라는 학원 광고물이 보인다. 불안한 학부모와 학생의 마음을 읽고 치밀하게 선거를 준비시켜주는 학원들의 마케팅이 그저 놀라울 따름이다.

말도 많고 탈도 많은 내 아이의 회장 선거 준비 어떻게 해야 할까? 가장 먼저 아이에게 학교에 붙일 포스터와 표심을 사로잡을 공약을 만들어주어야 한다. 아이가 친구들과 함께 교문 앞에서 선거운동을 할 수 있도록 지원해주는 것은 물론 연설문 작성에도 많은 힘을 기울일 필요가 있다. 연설문에 유머는 필수니 유행어를 넣고 임팩트 있는 마무리를 준비하자.

연설자가 자신감이 없어 보이면 대중의 신뢰를 얻기 힘드니, 연설문은 외워서 발표하는 연습을 시키도록 한다. 표심을 얻으려는 마음에 친구들에게 선물을 돌렸다가는 부정선거로 후보를 사퇴하는 경우가 생기니 선물 유포는 절대 금지다. 임원이 된 후에도 마찬가지다.

과거에는 자녀가 학교 회장이나 임원 활동을 하게 되면 학부모로서는 대견하고 기쁘지만 한편으로는 부담도 되었다. 그러나 2016년 9월 28일부터 시행된 김영란법으로 임원 엄마의 경제적 부담이 줄어들었다. 학교에서는 항상 빈손으로 오라고 하고 학급 전체에 돌리는 간식도 금지하니 말이다.

김영란법 적용을 받는 교직원에는 현직 초·중·고등학교 교사와 유치원·어린이집 교사 등이 모두 포함된다. 정교사가 아닌 기간제 교원은 물론 국공립 · 사립을 불문하고 모든 교사가 법 적용 대상이다.

교직원은 식사와 선물, 경조사비에서 각각 3만 원 · 5만 원 · 10만 원 가액 기준 내에 있어도 직무관련성 또는 대가성이 있는 금품 수수는 처벌을 받을 수 있다. 예를 들어, 담임교사 등이 성적이나 수행평가 등과 관련해서 학부모로부터 촌지나 선물을 받으면 5만 원 이하일지라도 무조건 처벌 대상이 되는 것이다. 학부모회 간부 등이 운동회, 현장체험학습 등에서 여러 교사를 대상으로 간식을 제공할 경우에도 학부모와 교사는 평소 성적, 수행평가 등과 관련이 있는 사이인 만큼 사교, 의례 등의 목적에서 벗어난다고 보고 허용하지 않는다. 자녀가 임원이 될 경우 학급에 돌리는 간식이나 행사가 열릴 때 교사의 도시락을 걱정했던 일은 이제 과거가 되어버렸다. 서울시교육청 관계자는 학부모가 교직원에게 성적 관련 등 부정청탁이나 금품 · 선물 · 음식물을 제공해 법을 위반하는 경우 받은 교직원은 물론 제공한 학부모도 모두 처벌을 받는다고 한다.

돈은 그렇다 치고 회장이라고 떡하니 맡았는데 성적이 뒤따라주지 않으면 회장 엄마의 목소리에는 힘이 빠질 수밖에 없다. 실제로 학급 모임에 가보면 회장 아이의 엄마 목소리보다 시험에 1등을 한 아이의 엄마 목소리에 사람들의 시선이 더 집중되는 것을 볼 수 있다. 회장도 공부를 잘해야 당당할 수 있으니 아이가 임원이 되었더라도 공부에 더 많은 신경을 써야 한다.

사실 초등학교 회장 선거 이야기를 한 이유는 따로 있다. 바로 자기 표현력 때문이다. 어린 시절 회장을 해본 아이들은 발표력도 좋고 무엇보다 많은 사람 앞에 서는 것을 두려워하지 않는다. 뛰어난 문제해결력과 리더십으로 어느 자리에서도 제 역할을 다해낼 가능성이 크다. 자기 표현력이 뛰어나기 때문이다. 자기 표현력이란 자신의 생각과 의견을 모두 전달하고 표현할 수 있는 능력으로 타인과의 소통에 필수적인 역량이다. 입시에서도 소통 능력은 매우 중요하다.

특목고나 대학 입시에서 1단계는 서류 평가인 경우가 많다. 여기서 서류는 '학교생활기록부, 자기소개서, 교사 추천서' 등을 말한다. 면접관들은 서류를 입체적인 시선으로 다각도에서 평가한 후 2차적으로 면접할 학생을 선발한다.

면접은 일대일 면접이나 팀 면접으로 이뤄지는데 일대일 면접은 입학사정관 다수가 한 학생에게 공격적으로 질문하는 형태다. 반면 팀 면접은 여러 명의 학생들이 토론 형식으로 자신의 의견을 피력하는 형태다. 어떤 상황이든 명확하고 간결하게 자신의 의견을 말하는 학생이 높은 점수를 받는다.

면접에서 지식의 양을 뽐내는 것은 그리 좋은 방법이 아니다.

면접은 이미 알고 있는 지식을 평가하는 장소가 아니라, 낯설고 어려운 문제나 상황에 부딪혔을 때 이를 현명하게 극복해나가는 과정을 평가하는 장소다. 한마디로 창의적인 사고력과 문제 해결력 그리고 자기 표현력을 평가하는 것이라 할 수 있다.

회장 선거에 나갈 수 있는 아이는 많지만, 안타깝게도 회장이 될 수 있는 아이는 소수다. 그렇다면 다른 방법으로 자기 표현력을 길러주어야 한다. 앞서 말했듯 자신의 생각을 말과 글로 나타내는 것은 사회생활의 생존 조건이자 필수요건이다. 아무리 많은 지식을 가지고 있다고 해도 이를 제대로 표현하지 못하면 무용지물이다. 아이의 논리력과 표현력을 기르는 데는 독서만큼 좋은 게 없다.

다양한 독서는 아이들의 논리적 표현력을 향상시켜 논리적인 글쓰기를 가능케 한다. 또한 이를 바탕으로 자신의 생각을 명확하게 표현하고 전달할 수 있게 만들어준다.

다만 요즘 아이들은 지식의 편식이 심하니, 어느 한 곳으로 치우치지 않도록 다방면의 책을 권해주고, 보다 많은 경험을 쌓아주는 게 중요하다.

엄마와 제대로 된 독서 토론을 할 수 있는 수준이라면, 회장 선거 경험이 없더라도 얼마든지 자신의 생각을 멋지게 표현할 수 있을 것이다.

공부의 목표와
학습의 본질을
간파하라

성적표는 4단계 평가로 '매우 잘함' '잘함' '보통' '노력 요함'으로 나뉘어 있다. 여기서 '매우 잘함'은 90점 이상, '잘함'은 80점 이상, '보통'은 70점 이상, '노력 요함'은 60점 이상을 의미한다. 절대평가는 시험 난이도와 관계가 없다. 응시자의 실력과도 무관하다. 그저 90점 이상을 맞으면 '매우 잘함'을 받게 된다. 이것이 바로 '매우 잘함'이 많을 수밖에 없는 이유요, 엄마들이 '매우 잘함'의 함정에 빠지는 원인이다.

엄마들이 강남으로
이사 오는 이유

2013년, 〈그녀들의 완벽한 하루〉라는 드라마가 있었다. 4부작에 불과하고 일요일 밤 늦게 방영되었음에도 시청률이 10퍼센트가 넘었다고 한다. 강남에 있는 초호화 유치원을 배경으로 펼쳐지는 드라마였는데, 아마도 강남 엄마들의 등장이 많은 사람의 관심을 끌었던 듯하다. 강남은 자녀교육에 관심이 많은 엄마들에게 자녀의 명문대 입학을 위한 꿈의 지역이고, 강남 입성은 그 꿈을 이루기 위한 발판으로 인식되기 때문이다.

실제로 오직 자녀교육만을 위해 강남으로 이주하는 사람들이 많다. 이를 증명하듯 대치동 한복판에 있는 대치초등학교는 학년이 높아질수록 학급 수가 기형적으로 늘어간다. 밀려드는 전학생들 때문이다. 그래서 1학년은 3반으로 시작하지만 2학년은 5반, 3학년은 6반, 4학년은 7반, 5학년은 8반, 6학년은 14반으로 늘어난다. 1학년에 비해 6학년이 4.6배나 증가한 것이다.

솔직하게 이야기하면 대치동은 아이들보다 엄마들이 적응하기 힘들어하는 지역이다. 별다른 정보 없이 친인척이나 주변 엄마들의 추천으로 이사 오는 경우는 더욱 그렇다. 처음 대치동에 이사 온 엄마들이 가장 낯설어하는 풍경 중 하나가 바로 아이들의 시험기간이다. 대치동에서는 아이들의 시험기간 중 아파트 인테리어 공사가 허용되지 않는다. 아이들의 시험과 성적이 무엇보다 중요하고, 아이 공부를 위해서라면 가족의 희생이 당연하다고 여기는 분위기 때문이다. 오죽하면 아이의 시험공부를 방해하지 않기 위해서 저녁을 먹고 늦게 귀가하는 아빠들이 넘쳐나겠는가. 반대로 일찍 퇴근하여 전문 과외 선생님으로 변신하는 아빠들도 적지 않다.

이토록 유별난 동네임에도 불구하고 여전히 대치동으로의 이사를 꿈꾸는 엄마들이 많다. 대치동보다 비교적 경쟁이 덜한 다른 지역에서 내신을 잘 받으면 편하게 상급 학교에 진학할 수 있을 텐데, 큰 비용을 부담하면서까지 강남으로 이사를 오는 이유는 과연 무엇일까?

[표 12] 최근 5년간 수능 국·수·영 만점자 비율

영역	2013학년도	2014학년도	2015학년도	2016학년도	2017학년도
국어	2.36%	1.25(A) 0.92(B)	1.37(A) 0.09(B)	0.8(A) 0.3(B)	0.23
수학 나	0.98	0.97	2.54	0.31	0.15
수학 가	0.76	0.58	4.3	1.66	0.07
영어	0.66	0.39	3.37	0.48	0.72

　물론 각기 다른 이유가 있겠지만 아마도 가장 큰 원인은 '공부 분위기가 잡힌 동네에서 다른 아이들에게 뒤처지지 않는 학습을 통해 명문대에 보내고 싶은 마음' 때문일 것이다. 실제로 대치동은 수능 1, 2등급 비율과 명문대 합격 실적에서 타 지역과 월등한 격차를 보인다.

　2017학년도 수능 성적이 발표되었다. 정부의 '쉬운 수능' 기조에도 불구하고 사람들은 2016학년도를 끓는 물 수능, 2017학년도를 불수능이라고 표현한다. 최근 5년간의 수능 국·수·영 만점자 비율을 보면 그 의미를 알 수 있다.

　최근 3년간 수능 난이도는 점점 올라가고 있음을 확인할 수 있다. 2017학년도 수능에서는 한 과목에서도 만점자 비율이 1퍼센트를 넘지 못했다. 그만큼 어렵게 출제된 것이다. 올해 수능 지원

자는 60만 5,988명인데 전 과목 만점자는 고작 세 명이었다.

수능과 집값은 연관성이 있다는 말이 있다. 수능이 어렵게 나오면 명문학교와 학원이 많이 있는 지역의 집값과 전세금이 오른다는 말이다. 2017학년도 수능이 불수능이어서 그런가, 지인이 대치동 전세 아파트를 알아봤더니 전세금도 많이 올랐고 집도 없다고 한다. 이래저래 대치동 입성은 어렵다.

초등 성적은
거품이다

대치동으로의 이사를 고민하는 엄마들과 상담을 하다 보면 공통적으로 나오는 질문이 하나 있다.

"대치동에서 가장 좋은 학원이 어디예요?"

대치동으로 이사를 결정할 정도면 분명 아이의 성적은 상위권일 터, 인기 학원의 입학시험(레벨 테스트)을 통해 자녀의 실력을 검증하고 싶은 것이다. 그 자리에서 가장 인기 있는 영어와 수학 학원 리스트를 전달하고 테스트 결과를 알려달라고 하면 대개 일주일 후 한숨 섞인 목소리가 수화기 너머에서 들려온다.

"선생님, 우리 아이 떨어졌어요. 이제 어떡해요?"

아이의 초등학교 성적표만 믿었던 엄마들의 슬픈 하소연이다.

[표 13] 초등학생 성적표

교과	영역	평가 내용	평가
국어	듣기	드라마를 보거나 듣고 이어질 내용 예측하기	매우 잘함
	말하기	학습 상황에서 제기되는 문제 토의하기	잘함
	읽기	참여를 요구하는 글을 읽고 이해하고 평가하기	보통
	쓰기	자신의 관점이 잘 드러나게 연설문 쓰기	노력 요함
	문법	고유어, 한자어, 외래어 알고 구분하기	매우 잘함
	문학	작품에서 비유적 표현의 특성 알기	매우 잘함
수학	수와 연산	분수의 나눗셈으로 문제 해결하기	매우 잘함
	도형	각기둥과 각뿔의 전개도 그리기	잘함
	측정	원주와 원의 넓이 구하기	잘함
	확률과 통계	원그래프 그리기	매우 잘함
	규칙성과 문제해결	비례식을 이용하여 문제 해결하기	매우 잘함

[표 13]은 초등학교 성적표다. 성적표는 4단계 평가로 '매우 잘함' '잘함' '보통' '노력 요함'으로 나뉘어 있다. 여기서 '매우 잘함'은 90점 이상, '잘함'은 80점 이상, '보통'은 70점 이상, '노력 요함'은 60점 이상을 의미한다. 절대평가는 시험 난이도와 관계가 없다. 응시자의 실력과도 무관하다. 그저 90점 이상을 맞으면 '매우 잘함'을 받게 된다. 이것이 바로 초등학교 성적표에 '매우 잘함'이 많을 수밖에 없는 이유요, 엄마들이 '매우 잘함'의 함정에 빠지는 원인이다.

'매우 잘함'이 넘쳐 나는 성적표를 보고 자신의 아이가 전교 상위권이라는 착각에 빠지는 것이다. 우등생이라고 믿었던 아이가 학원의 레벨 테스트에서 떨어지니 엄마들의 억장이 무너지는 것도 어찌 보면 당연한 일이다.

"우리 애는 지금까지 반에서 1등을 놓친 적 없는 아이예요. 테스트가 잘못된 거 아니에요? 우리 애가 이 정도로 못한다는 게 말이 돼요? 저는 이 결과를 도저히 믿을 수가 없어요. 다른 학원을 추천해주세요."

나는 이런 엄마들에게 아이의 영어, 수학 실력을 객관적으로 파악해보기를 권한다. 이를 위해 경시대회 참가를 추천하기도 한다. 경시대회 수상 경력이 생활기록부에 기재되는 것도 아니요, 입시에 결정적 도움이 되는 것도 아니지만, 경시대회를 준비

[표 14] 영어 경시대회

대화명	대상	주최	연락처
코리아타임즈 국제영어경시대회	초~고	코리아타임즈	1588-0564
MBC아카데미 영어학력평가	초, 중	MBC아카데미	761-3200
성균관대 영어경시대회	초~고	성균관대	761-3200
외국어대 영어경시대회	초~고	한국외대, 용인외고	2173-2529
대한민국학생 영어말하기대회	전연령	세계예능교류협회	2244-0847
반기문 영어경시대회	초~고	충청북도 교육청	(043)290-2101
국제통역사절단 선발대회	초~대	대회조직위원회	563-0555
IET국제영어대회	초~고	IET위원회	539-8123
IEEC국제영어논술대회	초~고	IET위원회	539-8123
IEWC국제영어논술대회	전연령	연세대	6363-8835
IYF영어말하기대회	중~대	국제청소년연합	1588-2346
ESU대한민국영어말하기대회	중, 고	중앙일보, 영국대사	6363-8858
한국영어능력평가		한국언어능력평가원	508-0511

[표 15] 수학 경시대회

대화명	대상	주최	연락처
한국수학올림피아드KMO	중, 고	대한수학회	565-0361
한국영재올림피아드	초~중	대교, 한국수학교육학회	829-1174
KMC한국수학인증시험	초~고	한국수학교육학회	761-3200
한국수학학력평가KME	초, 중	한국학력평가연구원	1577-150
연세대 수/과학 학력인증	초~고	연세대, 과학영재교육원	1599-1875
성균관대 전국수학경시	초~고	성균관대	760-0114
MBC아카데미 수학경시	초~대	MBC아카데미	761-3200
포항공대 수학경시	고	포항공대	(054)279-8034
초등수학창의적사고력대회	초 4~6	서울교대, 기초과학교육	3475-2367
WMC국제수학경시	초	세계수학교육자협의회	785-6655

하는 과정 자체가 아이에게는 실력향상을 위한 좋은 경험이다. 아이의 실력이 전국에서 몇 퍼센트 안에 드는지 객관적으로 위치를 확인하고 상급학교 진학 계획을 세우기 위한 초석이 되기도 하다.

마지막으로 엄마들은 성적표를 받으면 주의 깊게 볼 부분이 있다. 대부분의 엄마들은 '평가 내용'보다 '평가'에 관심을 둔다. '매우 잘함'이 몇 개나 있는가가 최대 관심사이기 때문이다. 초등 성적표에서 가장 중요한 것은 '매우 잘함'의 개수가 아니라 '노력 요함'이 어디에 있느냐다. [표 13]의 성적표를 보면 국어의 '쓰기' 영역에 '노력 요함'이 있다. 아이가 자신의 관점이 드러나는 글쓰기 능력이 부족하므로, 방학을 이용하여 집중적으로 보충해주면 좋을 것이다.

우물 안 개구리 식의
내신 공부에서 벗어나라   타 지역에서 1등만 하던 아이가 대치동에 오면 성적이 떨어지는 이유는 바로 '공부의 깊이'에서 오는 차이 때문이다.

"어머니, 수학 선행이 어디까지 나갔나요?"

"네, 2년 선행했어요."

대부분의 엄마들은 선행 진도를 물어보면 얼굴에 미소부터 번진다. 아이의 능력이 자랑스러운 것이다.

"아, 그러면 교재는 무엇을 쓰셨나요?"

그런데 교재에 대한 질문을 물어보면 열에 아홉은 목소리에서 자신감이 사라진다.

"개념이요."

대치동 아이들이 최상위, 경시까지 공부한다면 타 지역은 개념, 유형에서 끝나는 경우가 많다. 선행학습은 몇 년 선행했는지가 중요한 것이 아니라 과정을 얼마나 제대로 공부했는지가 중요함을 잊어서는 안 된다.

학교 내신은 범위도 작고 수능에 비해 그 깊이도 얕아 수업에 충실한 상위권들은 좋은 점수를 받기 쉽다. 하지만 수능은 단순 암기 문제로 성적을 내는 내신보다 훨씬 깊이 있는 시험이다. 지금처럼 우물 안 개구리 식의 내신 공부에 집중하면 수능에서는 저조한 성적을 받게 될 확률이 높다. 실제로 내신으로는 전교권인 학생의 수능 성적이 저조한 경우가 많다. 학교에서 전교 1등을 놓치지 않던 학생이 상위 10개 대학에 간신히 붙은 경우도 있었다.

[표 16] 2016학년도 수능 국영수 1,2등급 비율이 높은 고등학교 순위

순위	학교명	지역	학교유형	비율(%)
1	용인한국외대부고	경기 용인	자사고	78.5
2	민족사관고	강원 횡성	자사고	77.1
3	상산고	전북 전주	자사고	72.6
4	한일고	충남 공주	일반고	72
5	인천국제고	인천 중구	국제고	71.7
6	대원외고	서울 광진	외고	71.4
7	현대청운고	울산 동구	자사고	71.3
8	서울과학고	서울 종로	영재학교	69.3
9	공주대부고	충남 공주	일반고	67.8
10	대구외고	대구 달서	외고	67.2
11	부산국제고	부산 부산진	국제고	67
12	한국과학영재학교	부산 부산진	영재학교	66.7
13	서울국제고	서울 종로	국제고	64.9
14	안양외고	경기 안양	외고	64.5
15	경기외고	경기 의왕	외고	64.2
16	경기과학고	경기 수원	영재학교	63.5
17	김해외고	경남 김해	외고	63.3
18	한영외고	서울 강동	외고	62.9
19	하나고	서울 은평	자사고	62.5
20	대구과학고	대구 수성	영재학교	59.6

자료: 한국교육과정평가원

[표 17] 2016학년도 서울대 합격 TOP 50 고교

순위	고교	수시	정시	계(명)
1	용인외대부고	44	32	76
2	서울예고	74	1	75
3	서울과학고	70	3	73
4	대원외고	40	29	69
5	하나고	54	5	59
6	경기과학고	57	0	57
7	상산고	9	45	54

순위	고교	수시	정시	계(명)
8	대구과학고	45	0	45
9	민족사관고	35	8	43
10	세화고	8	27	35
	한국과학영재학교	34	1	35
12	대일외고	28	5	33
13	명덕외고	24	5	29
	포항제철고	18	11	29
15	선화예고	27	1	28
	한영외고	24	4	28
17	휘문고	4	23	27
18	안산동산고	16	9	25
	국악고	25	0	25
20	중동고	9	14	23
	현대고	12	11	23
22	숙명여고	5	17	22
23	수지고	8	13	21
24	경기외고	16	4	20
25	단대부고	5	14	19
26	대전외고	11	6	17
	고양외고	11	6	17
28	서울고	11	5	16
	영동고	5	11	16
	숭덕고	5	11	16
	현대청운고	6	10	16
	신성고	3	13	16
	안양외고	7	9	16
	한일고	12	4	16
35	서울국제고	11	4	15
	인천하늘고	10	5	15
	강서고	5	10	15
38	경기고	9	5	14
	중대부고	8	6	14
	한성과학고	13	1	14
	성남외고	7	7	14
	공주사대부고	11	3	14
	광양제철고	13	1	14
45	경기여고	10	3	13
	양재고	11	2	13
	중산고	7	6	13
49	경기북과학고	13	0	13
	대진고	4	8	12
	세화여고	5	7	12
	부산국제고	7	5	12
	인천국제고	9	3	12
	수원외고	6	6	12
	경남과학고	12	0	12

**입시에서 인정받는
스펙은 따로 있다**   아이를 단 한순간도 쉴 틈 없이 학원으로 과외로 돌리는 엄마들에게 왜 그렇게까지 하냐고 물어보면 대답은 하나다.

"스펙을 쌓아야 원하는 대학에 갈 수 있잖아요. 지금도 영어 스펙이 부족해서 걱정이에요. 좋은 학원 좀 추천해주세요."

그런데 영어, 수학, 한자, 컴퓨터 능력 시험도 모자라 스피치 학원에서 써준 원고를 들고 요란한 복장으로 학생회장 선거에 나가 스펙을 쌓는 것이 과연 입시에 도움이 될까? 한번 생각해 봐야 한다.

입학사정관제 초기에는 나도 스펙에 관한 많은 이야기를 들었다. 생전 듣지도 보지도 못한 발명대회에 나가 수상한 후 특허를 받아 대학에 입학했다는 이야기도 들었고, 독창적인 논문을 써서 불리한 내신에도 불구하고 명문대에 합격했다는 이야기도 들었다.

입학사정관제가 시행되기 전에는 영어만 잘하면, 그중에서도 토플 성적이 만점에 가까우면 명문대 수시 특기자 전형에 합격하는 일은 다반사였다. 토플 점수 1점을 올리기 위해 몇 번이고 시험에 응시하는 일이 당연하게 여겨지던 시절도 있었다.

현재 입시는 단순한 스펙 경쟁이 아니다. 2017학년도 서울대 수시에서는 자기소개서 증빙서류를 3개로 제한했다. 자기소개서 증빙서류는 자기소개서에 기술된 내용에 대한 진위 확인을 위한 것이며 학교생활기록부에 기재된 내용은 제출할 필요가 없다. 공인어학성적, 국내 고교 전 과정 이수자의 AP 시험 점수, 교과 관련 교외 수상 실적(수학·과학 올림피아드 포함), 모의고사성적 성적 등은 제출하면 안 된다.

일부 학생들은 초등학교와 중학교 재학 시 활동했던 내용을 제출하는데 이 또한 금기사항이다. 자기소개서 증빙서류는 3개 이내로 작성 가능하며, 제출 분량을 초과한 증빙서류는 인정하지 않는다. 각 번호 당 A4 용지 3쪽 이내로 제한하고 양면 및 분할인쇄, 제본, CD 클리어파일 형태로 제출할 수도 없다. 만일 자기소개서 증빙서류를 사본으로 제출할 경우에는 서류를 발급한 기관의 원본대조필이 있어야 하며, 부득이한 경우에는 학교장이 원본대조필(학교장 직인)을 할 수도 있다.

서울대 발표가 이러하니 당장 스펙 만들기를 포기해야 하는 건가? 엄마들은 혼란스럽다. 해결책은 교내활동에 적극적으로 참여하는 데 있다. 교내활동은 교과활동과 비교과활동으로 나뉘는데 스펙은 비교과활동에 해당된다. 여기서 입시의 구조를 알아야 한다. 스펙을 제출하는 경우는 대입 수시 중 학생부종합전형과 실기전형인데 입시의 1단계에 내신 성적을 제출한다는 것을 꼭 기억해야 한다. 즉, 내신 성적이 좋아야 스펙 제출의 의미가 있는 것이다. 이는 고입에도 해당된다. 중학교 내신 성적이 좋아야 고입 입시에서 1단계를 통과할 수 있고 2단계에서 스펙을 평가받을 수 있는 것이다.

반면, 내신이 중요하다고 해서 내신 공부만 열심히 한 학생들은 특목고나 명문대 수시 학생부종합전형(실기전형 포함)에 지원할 수 없다. 특목고 입시에서 제출하는 자기소개서에는 학생이 3년 동안 활동했던 경험을 구체적으로 서술해야 한다. 명문대 수시 실기전형에는 교내활동뿐만 아니라 교외활동에 관해서도 서술하고 증빙서류를 제출한다.

다시 정리하면 학교생활을 열심히 한 학생은 교과활동인 내신 성적도 좋고 비교과활동인 스펙도 많이 있다는 것을 전제한 것이다. 따라서 특목고를 목표로 하거나 명문대 수시 학생부종합전형(실기전형 포함)을 목표로 한다면 교내활동에 적극적으로 참여해야 한다.

활동 후에는 반드시 기록을 남겨야 하는데 이때 에듀팟(http://edupot.go.kr)을 이용하면 좋다. 에듀팟은 학생이 자기주도적으로 학교 내외의 다양한 창의적 체험활동을 기록·관리하는 온라인 시스템이다. '창의적 체험활동 교육과정'의 4가지 영역인 자율

[표 18] 스펙의 분류와 내용

평가항목	구체적인 내용
교내상	영어경시대회, 교내 토론 발표대회, 독서 관련 대회
교외상	공인 외국어 인증 성적, 경시대회, 올림피아드 수상
리더십	학생회장, 학생회 부회장, 반장, 부반장(활동 상황 자료 기록)
봉사활동	지속성, 일관성이 중요
관심분야의 노력	실험이나 탐구 활동의 자료, 결과물 제출
독서활동	독서기록장

[표 19] 에듀팟 주요 메뉴

영역		기록
자기소개서	중학교	인생의 좌우명, 가족 소개, 나의 장점 3가지, 좋아하는 과목, 존경하는 사람, 장래희망 등
	고등학교	인적사항, 성장과정, 가족환경, 역경극복 사례, 지원 동기, 향후 학업 및 진로계획, 장단점(진학용, 취업용)
자율활동		적응활동, 자치활동, 행사활동, 창의적특색활동 (범교과학습 등)
동아리활동		학술활동, 문화예술활동, 스포츠활동, 실습노작활동, 청소년단체활동 등
봉사활동		교내봉사활동, 지역사회봉사활동, 자연환경보호활동, 캠페인 활동 등
진로활동		진로상담, 진로탐색 및 체험활동, 자격증 및 인증(고등학생 기술자격증)
방과후학교		지속적으로 참가한 특기적성 중심의 방과후학교 활동 내용
진로심리검사		커리어넷과 연계하여 직업적성, 직업흥미, 직업가치관, 진로성숙도검사

활동, 동아리활동, 봉사활동, 진로활동 중심의 활동 내용과 자기 소개서, 방과후학교활동 등을 포함하는 교과 외 활동에 학생이 성실히 참여한 과정과 결과를 담는 그릇이다. 이때 학교 교육과정 또는 학교 교육계획에 의한 체험활동이나 학교장이 승인한 체험활동만 인정된다는 점을 주의해야 한다. 해외에서 실시한 각종 체험활동이나 교외 수상경력, 사교육 의존 가능성이 높은 각종 체험활동은 승인되지 않으니 미리 꼼꼼하게 확인하는 것이 좋다.

**아이의 대학 간판을
결정하는 엄마의 정보력**   아침에 눈을 뜨자마자 텔레비전 리모컨부터 찾는 엄마들이 있다. 중독성이 강한 아침 드라마와 지름신을 부르는 홈쇼핑 방송을 놓칠 수 없기 때문이다. 그렇게 정신 없이 텔레비전을 시청하다 보면 어느새 아이들이 학교에서 돌아올 시간이 되어버린다. 엉뚱한 곳에 정신이 팔려 입시에서 가장 중요하다고 손꼽히는 엄마의 정보력을 상실하는 순간이다.

아이의 교육에 관심이 많은 엄마라면, 텔레비전을 볼 시간에 컴퓨터 앞에 앉는 게 낫다. 아이들 교육 자료를 어디서 찾느냐고 질문하는 엄마들이 많은데, 가장 먼저 포털사이트 네이버의 상단 메뉴 중 '뉴스'를 클릭한다. 여기에서 '사회' 카테고리를 클릭하면 좌측에 '교육' 라인이 보인다. 기사가 어렵다고 생각되면 전체적인 기사 제목들을 살펴도 좋다. 뉴스의 제목들은 책의 목차와 같아서, 헤드라인만 살펴도 현재 교육 현장의 이슈와 입시에서 변화된 내용이 무엇인지 감이 잡힌다. 내 아이에게 도움이 될 자료를 발견한다면 곧바로 스크랩하는 센스도 잊지 말자. 사람의 기억력은 한계가 있어서 몇 시간 후면 제목조차 떠올리지 못하게 된다.

신문사들은 교육 뉴스를 요일별로 제공하는데 조선일보의 '맛있는 공부'는 월요일, 동아일보의 '신나는 공부'는 화요일, 중앙일보의 '열려라 공부'는 수요일에 격주로 제공된다. 한겨레신문의 '함께하는 교육', 세계일보의 '공부가 술술'과 더불어 내일신문도 교육 뉴스를 발 빠르게 제공하니 이런 매체들 역시 눈여겨보아야 한다.

나는 2009년부터 일과를 교육과 관련된 뉴스 스크랩으로 시작하고 있다. 개인 블로그 '샤론코치가 사는 대치동 이야기(http://miaesky2.blog.me)'에 교육 자료를 정리하여 제공하고 있으니 이를 참고하는 것도 추천한다.

만약 신문의 교육 뉴스가 딱딱하고 지루하다고 느껴진다면

[표 20] 입시 커뮤니티

http://blog.naver.com/miaesky2
샤론 코치가 사는 대치동 이야기 교육 자료를 정리, 제공 합격선 등 예상

http://dschool.co.kr
디스쿨 강남/서초/송파 교육 정보

http://orbi.kr
오르비스 옵티무스 의대 지망 커뮤니티로 상위권 합격선 등 예상

http://sumanhui.com
수만휘(수능날 만점 시험지를 휘날리자)
입시 정보와 조언을 동시에 얻을 수 있는 최대 규모의 순수 커뮤니티

http://gongsin.com
공신닷컴 공부법과 선배들의 경험담 체험

http://cafe.naver.com/ingang119
인강백서 국제중고, 특목자율고 입시 정보 최강

http://cafe.daum.net/papa.com
파파안달부루스 서울대 등 멘토 활동과 상위권 대학 표본 자료우수

http://cafe.naver.com/kongdae
이공계의 별 이공계 중심 대학생, 특목고생 멘토링제

http://cafe.naver.com/nsgo
수시정보공유방 대입 논술 기출문제 등 자료 풍부

인터넷 학부모 커뮤니티를 활용하자. 또한 커뮤니티는 오프라인에도 있다. 이러한 커뮤니티에서는 입시에 관한 정보와 과목별 학습법은 물론 부모의 올바른 자세 등 다양한 정보가 오간다. 도곡동 샤론코치연구소에서는 유아, 초등, 중등 학부모를 대상으로 학부모교실이 운영되고 있다. 서울·경기 지역은 물론이고 전국에서 강의를 들으러 온다. 방송이나 언론에서 나오는 비현실적인 정보, 여러 사교육기관에서 무질서하게 쏟아지는 정보 속에서 혼란을 느끼는 학부모가 내 아이에게 꼭 필요한 정보를 얻기 위해 오는 경우가 많다. 그들은 샤론코치연구소 강의를 통해 입시를 향한 직선코스도 알게 되고, 함께 아이를 키우는 학부모로서 세상사는 이야기도 서로 나누며 입시를 향한 긴 코스를 이겨내고 있다. 더불어 학부모 모임에서 뜻이 맞는 몇몇 엄마들과 소모임을 만들어 정보를 얻는 것도 한 방법이다.

마지막으로 학교 홈페이지와 친해지는 것도 중요하다. 학부모와 학생에게 꼭 필요한 교육과정, 학사일정, 경시대회, 진학지도계획, 진학실적, 학교생활안내 등의 정보를 얻을 수 있기 때문이다. 궁금한 사항이 있으면 학교 홈페이지에 문의하거나 학교에 직접 전화해서 물어보는 방법도 있다.

아이의
모든 것을 담아라,
블로그 활용하기

"아이가 체험활동을 다녀왔는데 사진과 보고서를 어떻게 정리할까요?"

"추천도서 5권을 읽었는데 독서 목록과 독후감을 어디에다 정리해야 하나요?"

학교는 아이들이 다니는데 무슨 일인지 엄마들의 할 일이 점점 더 늘고 있다. 하루 세 끼 밥 챙겨 먹이는 것도 벅찬데 좋은 학원도 물색해야 하고, 봉사활동도 따라다녀야 한다.

이것도 감당하기 어려운데 선배 맘들은 초등학교 시절부터 학생부종합전형을 장기간 준비해야 한다고 입을 모은다. 이처럼 넘쳐나는 정보와 부족한 시간으로 우왕좌왕하는 엄마들을 만날 때마다 나는 자녀의 모든 정보를 '블로그'에 모아놓을 것을 권한다.

요즘 엄마들이야 워낙 인터넷과 친숙하고 컴퓨터 다루는 솜씨가 좋아서 마음만 먹으면 블로그 정도는 뚝딱 만들어낸다. 하지만 중요한 것은 블로그는 만드는 일이 아니라 일기를 쓰듯 날마다 꾸준히 업데이트하는 것이다.

입시에서 블로그는 개인의 자료를 무한으로 보여주는 창구의 역할을 톡톡히 한다. 학교생활기록부에는 학교에서 인정하는 체험활동만 기록할 수 있으며, 입시 서류인 자기소개서에는 질문에 관한 답변을 제한된 글자 수 안에 써야 하는 제약이 있다. 하지만 블로그는 학생의 모든 활동을 자유롭게 써넣을 수 있다. 나아가 '청소년 운영 우수 블로그'로 선정되면 더욱더 높은 평가를 받게 된다.

단, 블로그를 만들 때는 몇 가지 주의할 점이 있다. 먼저 블로그의 제목에는 가능한 자녀의 이름과 미래의 직업이 담겨 있는 게 좋다. 청소년 운영 우수 블로그에 선정된 블로그를 보면 '전북 귀농 스토리' '병처니 STORY' '지혜양의 곰탱 블로그' '솔모네집' 'CHAEYOUNG WORLD' '하늘, 그 속의 비밀─종이비행기의 비밀' 등으로 누구나 손쉽게 검색을 통하여 찾을 수 있게 만들어놓았다.

카테고리를 만들 때는 자녀의 주 활동을 염두에 두어야 하는데, 가급적 학교생활기록부 내용대로 하는 것이 좋다. 과목별 학습법, 성적향상기록, 독서이력, 다양한 체험활동, 전공적합성 탐구활동 기록, 봉사일지와 동아리 활동, 예체능 등의 취미, 특기 활동 등으로 분류하는 것이다. 입시 자료로 활용 시 일관성이라는 측면에서 유리하기 때문이다.

나는 네가 지난 학기에
한 일을 알고 있다,
나이스 활용법　　　요즘은 퇴근 시간이 훌쩍 넘어 상담

실을 찾는 아빠들이 적지 않다.

　아빠들이 교육에 적극적으로 나서게 된 데는 여러 이유가 있 겠지만 교육청의 학부모서비스 '나이스NEIS'가 적지 않은 영향 을 미쳤음을 부인할 수 없다. 컴퓨터에 익숙한 아빠들이 자녀의 성적은 물론 학교생활에 관한 전반적 기록을 볼 수 있게 되었기 때문이다.

　몇 년 전 일이다. 지방에서 자수성가한 아빠가 아이들 교육을 위해 엄마와 두 아들을 강남으로 보냈다. 누구보다 아이들 교육 에 열성적인 아빠는 물심양면으로 지원과 투자를 아끼지 않았 고 지인의 소개를 받아 나에게 상담을 신청해왔다. 나는 상담 날 짜를 잡으며 나이스에서 학기말 성적표를 프린트해올 것을 부 탁했다.

　상담 당일, 아빠는 시간이 없어 성적표를 출력해오지 못했다 며 대신 아들이 학교에서 받아온 성적표를 내밀었다. 모의고사 성적표와 학교 성적표를 살펴보니 학교 성적이 눈에 띄게 우수 했다. 그런데 의아한 점이 하나 있었다. 보통 강남권 학생들은

학교 내신보다 모의고사 성적이 월등히 높은데 이 학생은 반대였던 것이다.

"흠… 다른 아이들과 반대네요? 학교 내신 성적은 좋은데, 모의고사 성적이 영 아니네요."

"네? 무슨 말씀이신지?"

"댁에 돌아가셔서 나이스의 성적 카테고리에 들어가 보세요. 아드님 성적이 나와 있을 겁니다."

아버지에게 아들의 성적표가 의심스럽다는 말은 차마 할 수 없어, '진짜 성적을 확인해보라'는 말을 에둘러 표현한 것이다. 그런데 며칠 후 아버지로부터 문자 하나가 도착했다.

"제가 자식을 잘못 키웠습니다. 노력한다고 했는데 역부족이었습니다. 저희 가족은 다시 살던 곳으로 돌아갑니다."

상담을 끝낸 후 나이스를 통해 확인한 성적이, 아이가 전해준 학교 성적표와 판이하게 달랐던 것이다. 그제야 아빠는 비로소 가짜 성적이 아닌 진짜 아들의 성적을 알게 된 셈이다.

학부모들은 나이스의 학생정보 중 학교생활기록부와 성적 카테고리는 반드시 확인해야 한다. 학교생활기록부에 출결 사항이 제대로 기록되어 있는지 만일 질병 결석이라면 사유가 기록되어 있는지(예: 질병 3일-감기), 체험활동이 누락되어 있지는 않은지, 학생에 대한 평가는 적절한 표현으로 작성되어 있는지 등을 살펴봐야 한다.

　생활기록부 기록은 마감일을 준수해야 하며 기간이 지나면 수정이 불가능하기에 잊지 말고 꼼꼼히 챙겨봐야한다. 마지막으로 단순히 성적표뿐 아니라 표준점수분석표, 성적변화표 등 다양한 지표를 활용하기 바란다.

[표 21] 나이스 학부모서비스 내용

구분	서비스 내역
학교정보	학교안내(기본정보/정보공시) 학사일정(연간일정/월간일정) 식단표(월간식단/주간식단) 가정통신문 (내)자녀등록 자녀정보조회
학생생활	학교생활기록부 시간표 출석부 대입전형자료 방과후학교 학습자료 교육비납입현황 과목 및 담당교사
학생성적	성적 고사별 정.오답표 성적표 학교생활통지표 국가수준학업성취도 개인별맞춤학습 성적분석
학생건강	건강기록부 PAPS 건강체크 신체활동 스포츠클럽
상담관리	공지사항 신청 및 조회
교육활동	학업지도 인성지도 진학지도 진로지도 특수아지도 PAPS학습모형 에듀넷학습정보 학원교습소안내

Step 3

'활동형, 산만형,
탐구형, 규칙형'
학습법

마음이 붕붕 떠서 무엇을 해도 쉽게 집중하지 못하는 아이들은 '산만형'으로 분류된다. 학원을 다녀온 아이에게 무엇을 배웠느냐고 물어보면 친구 이야기나, 선생님 이야기, 집에 돌아오는 길에 보았던 길고양이 이야기를 한다. 학습 내용보다는 주변 환경에 더 많은 관심을 보인다. "숙제 좀 하라"고 했더니 연실 부엌을 드나들며 냄비 뚜껑을 열어보고 냉장고 문을 열어젖힌다. "가만히 좀 있으라"고 소리를 꽥 지르고 싶은 엄마의 마음을 아는지 모르는지, 아이의 얼굴은 행복 그 자체다. 이런 학생의 경우 가장 중요한 것이 바로 '공부 습관'이다.

절대경쟁과
상대경쟁

이솝 우화 〈토끼와 거북이〉의 내용을 모르는 사람은 없을 것이다. 덕분에 우리는 어린 시절부터 '토끼처럼 능력이 있어도 자만하면 결국 패배한다' '거북이의 포기하지 않는 집념과 꾸준한 노력을 닮아라' 등의 교훈을 귀가 닳도록 들어왔다. 말하기 좋아하는 사람들은 이렇게도 분석한다. '애초부터 잘못된 게임이다. 권투도 체급에 따라 경기를 하는데 토끼와 거북이의 타고난 속도 차이를 감안하지 않았다. 한마디로 불공정한 게임이다' '거북이는 매우 치사하다. 아무리 경쟁이라고 해도 상대가 잠에 취해 있는데 모른 척하고 지나가다니, 남의 불행을 나의 행복이라고 생각하는 교활한 행동이다' '토끼가 멍

청하다. 이기면 본전이고, 지면 망신인데 애초부터 이런 경쟁은 하는 게 아니었다' 등 다양한 의견이 많다.

지금부터 나 역시 〈토끼와 거북이〉에 대해 이야기하려한다. 내 이야기의 핵심은 '절대경쟁'에 있다. 토끼와 거북이의 경주에서 승리자는 산꼭대기에 먼저 도달하는 자다. 결코 상대를 앞지르는 게 목표가 아니라는 이야기다. 토끼가 패한 원인은 '잠'이 아니라 '상대경쟁'에 목적을 두었기 때문이다. 깃발이라는 목표를 향해 절대경쟁을 펼친 거북이와 달리, 토끼는 경주의 목적을 잊어버리고 경쟁자의 위치에만 신경을 쓰며 상대경쟁을 펼친 탓에 경기에서 패한 것이다. 한마디로 토끼는 '승리의 조건'이 무엇인지 잊어버린 것이다. 이러한 상황은 입시에도 적용된다.

전국으로 강의를 다니다 보면 많은 학부모가 서울 혹은 강남, 나아가 대치동에 대해 막연한 부러움과 두려움을 동시에 갖고 있음을 느낀다.

"대치동 학생들은 어떻게 공부를 시키나요?"

"우리 지역에는 학원이 별로 없어서 사교육을 받기가 힘들어요."

"지방 일반고에서 특목고 아이들을 어떻게 이겨요. 말도 안 되는 이야기죠."

나는 이런 질문을 받을 때마다 거북이의 절대경쟁을 입시에 대비해 설명한다. 토끼와 거북이가 도착해야 하는 산꼭대기에는 깃발이 하나 꽂혀 있다. 학생에게 이 깃발은 '입시요강'이다. 과학자, 의사, 변호사가 되고 싶다는 꿈이 아니라 국제중, 특목고, 명문대 등의 입시요강이 제1목표가 되는 것이다. 깃발은 대학에서 학교 성적은 어느 정도 요구하는지, 과목별 가중치가 있는지, 입학 서류 중 자기소개서 항목은 어떤 것인지 등의 세부 목표라 할 수 있다.

여기에서 거북이의 상황은 '현재 아이의 실력'이다. 국어, 영어, 수학 등 주요 과목의 객관적 실력은 어떠한지, 어떻게 공부하면 성적을 올릴 수 있는지, 지금부터 몇 년 동안 장기 계획을 갖고 공부하면 입시요강에서 원하는 실력을 만들 수 있는지 파악해야 한다. 이 경주에서 승리하려면 깃발과 아이의 위치를 최대한 가깝게 만들어야 하는 것이다.

토끼는 쓸모없는 상대경쟁일 뿐이다. 신경을 쓰면 골치만 아프니 차라리 잊어버리는 게 낫다. 명문학교 고3들의 실력이 아무리 좋아도 6월 모의고사부터 막강한 실력을 가진 재수생이 대거 등장한다. 내 아이보다 월등한 실력을 갖춘 아이들은 무수히 많다. 아무리 노력해도 언제나 내 아이보다 뛰어난 성적을 가진 아이들은 존재한다. 결국 자기와의 싸움, 아니 자기와의 갈등에서 승리하는 사람이 대학입학이라는 깃발을 뽑을 수 있다.

대치동 학생들이 어떤 교재로 공부하는지, 토플 성적은 어떤지, 국제중 학생들이 외국인과 원어민 수업을 하고 있는지는 그리 중요한 문제가 아니다. 입시에서 실패하지 않는 가장 좋은 전략은 자신이 세운 계획을 하루하루 지켜나가는 것뿐이다. 엄마는 그저 내 아이의 성향과 수준을 먼저 파악하고 이에 맞는 학습법을 찾으면 되는 것이다.

성향별 학습법에
주목하라

"선생님, 우리 아들은 도통 의자에 엉덩이를 붙이고 앉아 있지를 못해요. 길어야 30분? 저러니 무슨 공부를 하겠어요?"

상담실을 찾은 엄마들 중 위와 같은 고민을 호소하는 사람들이 많다. 이러한 엄마들의 걱정에 염려하지 말라는 듯, 대치동에는 '자물쇠 반'을 운영하는 학원이 있다. 학생들이 수업을 위해 교실로 들어가면 밖에서 자물쇠로 문을 잠가버리는 것이다. 아이들은 화장실에 가고 싶어도 수업이 끝날 때까지 교실 안에서 버텨야 한다. 자의든 타의든 길들여지지 않은 야생마와 같은 아이들을 폐쇄된 공간에 가두는 것은 일단 성공한 셈이다.

그렇다면 자물쇠 반 아이들은 부모의 염원대로 공부를 열심히 할까? 책상 의자에 오래 앉아 있는다고 성적이 올라갈까? 이와 같은 질문에 나의 대답은 "아무 소용없다"다. 그것은 공부가 아니라 고문이기 때문이다. 죄인도 아닌데 수업시간이라는 이유로 자물쇠로 잠긴 방에 앉아 있어야 하는 아이들의 심정은 어떠하겠는가? 공부를 하기 위해서는 무엇보다 집중력이 필요한데, 자물쇠에 모든 관심이 쏠린 아이들에게 무슨 집중력을 기대하겠는가? 굳게 잠긴 열쇠가 열리기만을 기다리는 아이들에게 공부에 대한 열정을 기대할 수 있겠는가? '오죽하면 엄마가 나를 여기에 집어넣었을까'라는 반성도 잠시, 아이들은 이내 학습을 포기하고 책상에 엎드려 밀린 잠이나 청하기 십상이다.

자물쇠 반은 '책상에 엉덩이를 붙이고 앉아 있기를 바라는 엄마들의 염원'은 충족했을지 몰라도 학생의 성향은 전혀 고려하지 않은 무식한 방법일 뿐이다.

아이들이 책상 의자에 오래 앉아 있지 못하는 이유는 자물쇠가 없어서가 아니라 각기 다른 개개인의 성향 때문이다. 사람 얼굴 생김새만큼이나 다양한 성향을 한마디로 정의할 수는 없으나 크게 4가지로 구분할 수 있다. 활동형, 산만형, 탐구형, 규칙형이 바로 그것이다.

먼저 에너지가 충만하고 움직이는 것을 좋아하는 학생들은

'활동형'으로 분류된다. 이런 학생들은 타인을 의식하여 경쟁을 즐긴다. 활동형 아이들에게 공부를 시키려면 강력한 목표와 동기부여가 우선이다. 예를 들어 이번 시험에서 라이벌 친구를 이기고 싶다든가, 좋아하는 친구에게 멋진 모습을 보여주고 싶다는가 하는 구체적인 이유가 필요하다.

활동적인 학생들은 대부분 집중력이 약한 특징을 가지고 있다. 오랜 시간 책상에 앉아 있으면 온몸이 근질근질하기 때문에, 몇 시간 동안 한 과목을 공부하는 것보다는 쉬는 시간을 가지며 여러 과목을 공부하는 것이 효과적이다. 성적 향상은 다음 시험을 열심히 준비할 수 있는 원동력이 된다.

마음이 붕붕 떠서 무엇을 해도 쉽게 집중하지 못하는 아이들은 '산만형'으로 분류된다. 학원을 다녀온 아이에게 무엇을 배웠느냐고 물어보면 친구 이야기나, 선생님 이야기, 집에 돌아오는 길에 보았던 길고양이 이야기를 하는 식이다. 그리고 학습 내용보다는 주변 환경에 더 많은 관심을 보인다. "숙제 좀 하라"고 했더니 연실 부엌을 드나들며 냄비 뚜껑을 열어보고 냉장고 문을 열어젖힌다. "가만히 좀 있으라"고 소리를 꽥 지르고 싶은 엄마의 마음을 아는지 모르는지, 아이의 얼굴은 행복 그 자체다.

이런 학생의 경우 가장 중요한 것이 바로 '공부 습관'이다. 산만한 아이들은 책상 의자에 앉아서도 대부분 공부가 아닌 공상을 즐기는 경우가 많다. 엄마의 눈치 때문에 공부하는 시늉만 내고 있는 것이다. 막상 책을 펴봐도 무엇을 공부해야 하는지, 무엇을 알고 모르는지조차 구분하지 못한다. 엄마의 차분한 지도가 필요하다.

산만한 아이를 지도할 때는 아이가 아는 것과 모르는 것을 정확히 구분해줘야 한다. 모르는 것보다 아는 것이 많아지면 자신감도 회복되고 공부의 재미도 느낄 수 있다. 아이가 지나치게 산만하다면 구박만 하지 말고 주의력결핍과잉행동장애ADHD를 의심해봐라. 의심이 생긴다면 전문가의 도움을 받는 것이 좋다.

"왜?" "이건 뭐야?" "그걸 왜 해야 해?" 어린 시절부터 이런 말을 입에 달고 사는 아이들은 대부분 '탐구형'에 속한다. 아이가 학교에서 돌아올 시간인데 집에 오지 않는다. 기다리다 지친 엄마가 놀이터에 가 보면 아이 혼자 땅에 쭈그리고 앉아 개미와 놀고 있다. 엄마가 기다리고 있는 것을 까마득히 잊을 만큼 개미 삼매경에 빠진 것이다. 기가 막힌 엄마가 "너, 여기서 뭐 해!"라고 화난 얼굴로 물어봐도 아이는 굴하지 않는다. 오히려 해맑게 웃으며 엄마에게 개미 구경을 권한다.

탐구형은 주로 이과형 아이들이 많은데 학습면에서 보면 과목별 호불호가 분명해 국어, 사회를 싫어하는 경우가 많다. 호기심이 많은 탐구형 학생에게 쉬운 문제집을 반복적으로 풀게 하면 이내 흥미를 잃는다. 이럴 때는 학습 동기를 자극할 수 있도록 어느 정도 난이도가 있는 교재를 제공해야 한다.

요즘 입시 트렌드에서 빠지지 않고 등장하는 단어가 바로 융합형 인재다. 자신이 좋아하는 공부만 해서는 대학이 원하는 통섭형, 융합형 인재가 될 수 없다. 특히 명문대 합격을 목표로 한다면 전 과목 성적이 우수해야 한다. 싫어하는 과목이라고 해서 대충 넘어갈 수 없다는 이야기다. 그렇다고 강제로 시킬 수는 없으니 수학 두 시간에 국어 한 시간 하는 식으로 공부할 때 지루함을 덜어줄 방법을 모색해야 한다.

"우리 아이는 참 착해요. 엄마 말을 거역하는 법이 없어요."

엄마들이 자기 자식에 대해 가장 큰 만족감을 드러내는 유형이 바로 '규칙형'이다. 하루 종일 책상 의자에 앉아 있어 오히려 부모가 아이의 건강을 염려할 정도다. 성실하고 부모의 말은 잘 듣지만 어찌 보면 고지식하고 융통성이 부족한 스타일이다. 그런데 엄마가 만족하는 이런 아이들이 오히려 더 위험한 경우가 많다. 서울의 지하철 2호선을 생각해보자. 2호선은 최종 목적지가 어디인지 알 수 없는 순환선이다. 규칙형 아이들이 바로 이러한데, 자칫 하면 학습 그 자체에만 열중하여 목표를 잃거나 애먼 데서 헤매고 있을 수도 있다.

규칙형 아이들에게 가장 필요한 것은 방향설정이다. 목표를 향해 직선코스로 달려가는 것, 효율적으로 시간을 관리하는 것, 중요한 것과 덜 중요한 것을 구분해서 전략적으로 공부하는 것이 가장 절실한 과제다. 이런 유형은 질문하는 것을 싫어하기 때문에 선생님으로서는 정말 공부를 열심히 하는 것인지 단지 공부하는 태도만 좋은 것인지 구별하기 어렵다. 그래서 학습 태도는 좋은데 정작 성적은 좋지 않은 학생들이 많다.

시험 목표와 전략은
현실적으로

각자 아이의 성향을 파악했으면 이제 시험 준비를 해보자. 시험 준비의 첫 단계는 아이의 능력과 현실에 맞는 목표를 세우는 것이다. 중간고사 때 국어 60점을 받은 아이에게 기말고사 '90점 이상'이라는 목표를 제시하면 아이는 의욕을 잃는다. 어차피 해도 안 될 거 공부해서 뭐하냐는 회의감이 들기 때문이다. 70점이나 75점 정도로 실현 가능한 목표를 세우는 게 낫다.

교재나 공부의 양을 정할 때도 과욕은 금물이다. 만약 아이가 공부에 뜻이 없어 보인다면 교재가 너무 어려운 것은 아닌지 점검해볼 필요가 있다.

꿈 또한 공부 자세를 결정한다. 꿈이 있는 아이는 공부 자세부터 남다르다. 만약 꿈이 없는 아이라면 평소 대화 스케일을 키워야 한다. 시험 성적에 목매지 말고 인생 전체를 크게 보자. 풀지도 않는 문제집에 매달려 있는 것보다 "세상에 참 다양한 직업이 있는데, 뭐가 제일 멋있어 보여? 넌 뭐가 되고 싶니?"라는 대화를 나누는 게 성적을 올리는 데 도움이 된다.

목표를 세웠다면 이제는 전략이다. 시험 4주 전, 3주 전, 2주전, 1주 전으로 나눠 시기별 전략을 짜고, 어떤 과목에 집중할 것인지 과목별 중요도를 정한다. 시험공부는 교과서 → 학교에서 나눠준 프린트 → 부교재 → 문제집 → 기출문제 풀이 순서로 한다.

아이를 책상에 앉히기 위해서는 때론 엄마의 쇼맨십도 필요하다. 1분이라도 더 책상 앞에 앉아 있기를 바라는 마음, 1점이라도 더 높은 점수를 받기 바라는 마음을 아이 앞에서 드러내선 안 된다. 차라리 옆집 아이를 대하듯 최대한 체면을 차려라. 몸을 꽈배기처럼 꼬아대며 전혀 집중하지 못하는 아이에게 소리를 지르며 나무라봐야 서로의 감정만 상할 뿐이다.

안다. 속이 터지는 엄마들의 그 심정을, 차라리 소리라도 빽 지르면 속이라도 시원한 그 마음을 너무나 잘 알고 있다. 하지만 엄마의 분노는 아이와의 관계만 멀어지게 할 뿐, 남는 게 아무것도 없다. 이럴 때는 차라리 "간식 먹고 싶니?" "10분만 쉬었다할까?"라며 분위기 전환을 유도하는 게 낫다. 상태가 심각하다 싶으면 "우리 아들, 힘들구나"라며 최대한 감정은 배제한 채 진지하게 말을 건넨다.

시험 결과에 대한 반응도 마찬가지다. 만약 아이가 뻔히 아는 문제를 실수로 틀렸다면 부모로서는 안타까움에 화가 날 수 있다. 이때도 "아들, 속상해? 화났어? 네가 실망하니 엄마도 마음이 아프다. 하지만 몰라서 틀린 게 아니잖아. 다음에 실수하지 않으면 돼. 엄마는 너를 믿어" 등 다소 손발이 오그라드는 멘트를 날려야 한다. 연애 초기 남편한테 잘 보이기 위해 발휘했던 모든 필살기를 동원해야 할 순간이다.

**아이를 성공으로 이끄는
부모의 힘**　　　　　부모의 역할은 시험 기간보다 시험이 끝난 뒤가 더 중요하다. 우리에게는 다음 시험이 남아 있기 때문이다. 시험이 끝나면 우선 목표 점수와 실제 점수를 비교하여 성취도를 따져 보고 그 이유를 분석한다. 과목별 학습법과 공부 방해요소, 그리고 생활습관 등에 대한 점검이라 생각하면 이해가 쉬울 것이다.

아이와 함께 시험지를 보며 어떤 문제를 틀렸는지도 꼼꼼히 살펴봐야 한다. 단순한 오답 풀이가 아니라 개념에 대한 이해 부족, 암기 부족, 응용력 부족, 단순 실수 등으로 꼼꼼히 나눠 분석하라는 이야기다. 이를 향후 공부 전략을 짜는 데 활용해야 '시험을 통한 성장'이 가능하다.

즉각적인 피드백은 과목별 채점 결과가 나오는 대로 가능한 한 빨리 하는 게 좋다. 등수와 상관없는 실력 점검 과정인 만큼 성적표가 나올 때까지 기다릴 이유가 없다. 시험 준비 과정에서도 공부가 계획대로 잘 진행되고 있는지에 대한 피드백은 필요하다. 이때는 반성에 초점을 맞추지 말고 분석과 대안 제시에 집중해야 한다. 초등학생이라면 매일 저녁 그날의 공부를 되짚어보는 게 좋지만 중고생은 일주일에 한 번이 적당하다.

네모난 그릇에 물을 담으면 네모난 물이 되고, 둥근 그릇에 물을 담으면 둥그런 물이 된다. 물은 그릇의 크기나 재질, 가격이나 모양을 따지지 않고 자신의 모습을 변형시킨다. 그릇 모습 그 자체를 인정하고 자신의 몸을 그릇에 적응시킨다. 부모도 그릇과 마찬가지다. 내가 원하고 바라는 모습이기 때문에 아이를 사랑하는 게 아니라 자녀 그 자체의 성품, 능력, 자질, 행동을 그대로 받아 들여 사랑하면 되는 것이다. 아이의 특성을 이해하고 노력하는 부모가 아이를 성공으로 이끌어줄 것이다.

· CHAPTER 4 ·

인덱스가 아닌
데이터를 구축하라

부모는 장사치가 아니다,
자녀와 '딜(Deal)' 하지 마라

"엄마, 나 이번 시험에서 평균 90점 이상 받으면 휴대폰 바꿔줘." 마치 아이는 성적 향상이 가문의 영광이라도 되는 양 거래를 제시하고, 엄마는 혹시나 하는 희망을 안고 바로 '콜'을 외친다. 문제는 보상의 기준이 시험 점수, 등수 등 '숫자' 중심으로 돌아갈 때 일어난다. 과정과 노력이 아니라 시험 점수를 물질적 보상과 교환하려 한다면, 자녀는 공부를 '일'로 인식한다. 일을 했으면 당연히 정당한 노동의 대가를 받아야 하기에 자연스럽게 '성과급'을 요구하는 것이다.

내 아이를 유혹하는
몬스터에서 벗어나기

"너, 이제 5분 남았어!"

"엄마, 10분만, 제발 10분만 더….'

"정말 더는 안 돼! 컴퓨터는 하루 1시간만 하기로 네 스스로 약속했잖아."

"게임이 아직 안 끝났단 말이에요. 엄마 제발 10분만….'

"이 녀석이 진짜, 너 엄마 계속 화나게 할 거야?"

요즘 어느 가정에서나 흔히 볼 수 있는 풍경이다. 공부를 저렇게 하면 매일 업고 다니겠는데, 허구한 날 게임에 빠져 정신을 못 차리는 아이를 보면 속이 터질 때가 한두 번이 아니다. 집에 돌아와 신발 벗기가 무섭게 컴퓨터 앞에 앉는 아이 때문에 속이

터진 한 엄마가 옆집 아줌마에게 하소연했더니, PC방에 가지 않고 집으로 곧장 온 것만으로 다행으로 여기라고 하더란다. 머리가 커지면 방과 후 집에도 오지 않고 바로 PC방으로 숨어버리는 게 요즘 아이들이라는 것이다.

세상은 풍요로워지고 풍족해졌지만 요즘 아이들의 공부 환경은 그리 좋은 편이 아니다. 해야 할 공부의 양은 한없이 늘어나는데, 공부를 방해하는 주변의 유혹은 넘쳐난다. 거실에 있는 컴퓨터, 잠자는 시간 외에 손에서 떨어지지 않는 스마트폰, 인터넷 강의 들으라고 사준 PMP, 수시로 울리는 카카오톡, 계정이 없으면 왕따가 된다는 페이스북과 트위터, 인스타그램 등 넘쳐나는 SNS 덕분이다.

우리나라 학생들의 인터넷 중독은 생각보다 매우 심각하다. 정부가 조사한 청소년 인터넷 중독 실태를 보면, 전체 학생 중 5퍼센트가 넘는 아이들이 게임에 중독된 것으로 나타났다. 청소년 스무 명 중 한 명은 벌써 인터넷에 중독된 셈이다. 내 아이가 하루 3시간 이상 컴퓨터 앞에 앉아 있다면 게임이나 인터넷 중독일 확률이 높으니 반드시 체크해봐야 한다.

이성 교제의 연령은 점차 낮아져 초등학생도 이성 친구가 있는 세상이다. 당연히 외모에 대한 관심도가 높아져 거울을 보는 시간이 늘어난다. 친구들과 대화를 하려면 드라마와 음악 프로그램도 봐야 하고 인기 연예인의 핫한 패션 아이템에도 관심을 가져야 한다. 공부 말고도 보고, 듣고, 즐기고, 해야 할 것들이 너무 많은 것이다.

자녀의 공부를 방해하는 이 모든 것들을 나는 '몬스터'라고 부른다. 대표적인 몬스터로는 컴퓨터 게임, 텔레비전, 판타지 소설, 만화, 19금 동영상, 문자, 장시간 통화, 카카오톡, 페이스북, 트위터 등이 있다. 그 외에도 지나친 멋 부리기와 이성 친구 사귀기, 늦잠 자기, 게으름 피우기, 미루는 습관, 무계획성 등도 공부를 방해하는 몬스터다.

몬스터는 매우 강력하고 치명적으로 사람을 유혹하는 힘을 가지고 있어서 단번에 떼어버리기 어렵다. 성인들도 이러한 유혹에서 벗어나기가 쉽지 않은데 의지력이 약한 아이들은 오죽하겠는가.

또한 한번 떼어냈다고 해서 곧장 학습의 효과가 나타나는 것도 아니다. 엄마의 잔소리를 피해 눈 가리고 아웅 하는 식으로 흉내만 내다가 끝날 수도 있다.

내 아이를 유혹하는 몬스터에서 벗어나기 위해서는 엄마와 아이의 비장한 다짐이 필요하다. 예를 들어 스마트폰이 공부를 방해한다는 사실을 서로 인정하고, 자유 시간에 스마트폰을 마음껏 사용하는 대신 공부할 때는 스마트폰을 엄마에게 맡기겠다는 합의가 이루어져야 한다.

합의가 이뤄졌으면 엄마는 자녀의 방문 앞에 바구니를 하나 놓아준다. 공부방에 들어가기 전 아이 스스로 스마트폰을 바구니 안에 넣게 하는 것이다. 공부에 방해되는 유혹을 애초에 차단시키는 방법으로, 엄마와의 약속을 스스로 지키게 하면서 아이의 자제력을 키워주는 것이다. 스마트폰뿐 아니라 노트북, 게임기, PMP 등도 바구니를 이용하면 좋다.

시간이 아니라
'공부의 양'을 체크하라

공부는 몇 시간 했느냐가 중요한 게 아니라 오늘 해야 할 공부의 양을 다 마쳤느냐가 중요하다. 오늘 계획된 공부가 수학 20문제, 영어 단어 10개 외우기, 국어 자습서 6페이지 풀기라면, 그 양을 다 마쳐야 공부를 제대로 했다고 말할 수 있다.

아이가 스마트폰을 놓고 방에 들어가 예상했던 것보다 빠른 시간 안에 공부를 끝내고 나오면 엄마들은 본능적으로 "뭐야, 벌써 끝났어?"라는 말을 하게 된다. 엄마와의 약속을 지키려고 스마트폰도 바구니에 넣고 들어갔는데 의구심이 가득한 엄마의 목소리가 반갑게 들릴 리 없다. 이럴 때는 우선 수고했다고 칭찬해준 후 차분히 앉아 제대로 공부했는지 검사해보는 게 낫다. 저학년일수록 게임의 욕구를 이기지 못해 얼렁뚱땅 공부를 마칠 확률이 높으니 엄마의 확인은 필수다.

확인 후 아이가 제대로 공부를 했다면 다시 한 번 칭찬하고, 게임을 하든 축구를 하든 개의치 말아야 한다. "어머, 이 녀석이 공부를 곧잘 하네, 다음에는 수학 문제를 더 풀게 해야겠네"라고 욕심을 내는 순간 아이는 엄마에 대한 신뢰를 잃고 사기당했다는 불편한 마음을 갖게 된다.

엄마주도학습에 성공하고 몬스터로부터 아이를 지키기 위해서 엄마가 반드시 지켜야 할 몇 가지 사항이 있다.

첫째, 아이와의 약속은 반드시 지켜야 한다. 공연 약속, 쇼핑 약속, 외식 약속 등 사소한 약속을 미루거나 지키지 않으면 자녀들은 엄마를 믿지 않는다. 엄마도 약속을 지키지 않는데 아이라고 약속을 지켜야 하는 이유는 무엇인가. 자식이라는 이유로 일방적인 약속을 강요하면 아이들은 부당함을 느끼고 서서히 엄마와 거리를 두기 시작한다. 이렇게 되면 몬스터로부터 아이를 지키기가 쉽지 않다.

둘째, 엄마의 팔랑귀는 자녀를 불안하게 만든다. 어느 집 아이가 논술 학원에 다녀 대학에 합격했다는 소리를 듣고 논술 학원부터 알아보는 엄마가 있다. 평균 70점대의 수학 점수를 90점까지 올려준 학원이 있다는 소리에 또 인터넷을 뒤진다. 줏대 없이 주변의 말에 이끌려 흔들리는 엄마를 보면 아이는 그 정보력에 의심을 갖게 된다. 어쩔 수 없이 학원 준비물을 챙기면서도 '또?' '이번엔 얼마나 가려나?'라는 생각을 하기 십상이다. 엄마가 먼저 자신의 생각을 정리하고 교육에 대한 나름의 철학을 가져야만 아이들을 입시라는 장거리 경주에서 지치지 않고 완주시킬 수 있다.

셋째, 엄마의 잦은 변덕은 자녀의 외면을 불러일으킨다. 기분이 좋으면 한없이 관대한 엄마가 조금만 화가 나면 변덕쟁이 마녀로 돌변한다. 엄마도 사람이기에 지치고 힘들면 화를 내는 게 당연하다. 사람이라는 존재가 원래 여유가 있으면 태평양 같은 넓은 마음을 보이지만 반대의 경우 바늘구멍보다 좁은 아량을 보이기 마련이다. 문제는 이런 상태가 자주 반복되면 아이들이 혼란을 느끼고 약속이나 규칙이 아닌 엄마의 눈치를 보며 행동을 결정한다는 데 있다. 작은 일에 일희일비하지 않는 엄마의 모습만이 내 아이를 수많은 몬스터의 위협으로부터 지낼 수 있다는 사실을 명심하라.

우리 집 거실에 여전히
텔레비전이 있는 이유

우리 집을 방문한 사람들 중 몇몇은 거실에 들어서는 순간 멈칫한다. 거실에 턱 하니 자리하고 있는 텔레비전 때문이다. 평소 아이의 공부를 방해하는 몬스터들은 모두 몰아내야 한다고 소리 높여 말하는 사람의 집 안에 커다란 몬스터 한 마리가 놓여 있으니 당황할 만도 하다.

우리 집 둘째 아이가 특목고에 진학하여 기숙사 생활했을 때의 일이다. 전국에서 모인 엄마들이 처음으로 학급 모임을 가졌는데 당시 논의 주제는 '기숙사에 노트북을 가져가야 하나?'였다. 특히 남학생 자녀를 둔 엄마들은 노트북을 공부를 방해하는 제1원인으로 생각해 기숙사 노트북 반입 금지를 원하고 있었다.

그런데 몇 달 후 딸에게서 들은 이야기는 이랬다. 노트북이 없는 남학생들은 인터넷에서 자료를 찾아야 하는 수업에 큰 불편을 겪은 것도 모자라, 가장 중요한 시험 기간에는 친구들이 사용하지 않는 노트북을 사용하느라 정신없었다고 한다. 노트북으로 무엇을 봤을지는 상상에 맡기겠다.

아이가 온종일 텔레비전만 본다면 이는 정말 큰 문제다. 공부는 둘째 치고 텔레비전에 정신이 팔려 밥도 떠먹여줘야 하는 현실이라면 상황을 객관적으로 냉정하게 다시 살펴볼 필요가 있다. 혹시 엄마가 아침에 눈을 뜨자마자 텔레비전을 켜는 것은 아 닌지, 집안일을 한다고 아이를 텔레비전에 맡겨버린 것은 아닌 지, 귀가한 남편이 소파와 일심동체가 되어 텔레비전 앞에서 사 는 것은 아닌지 확인해봐야 한다. 아이들의 잘못된 행동은 대부 분 부모로부터 기인한 경우가 많기 때문이다.

아무리 인터넷이 발달했다고 해도 텔레비전이 없는 생활은 상상하기 힘들다. 세상 돌아가는 뉴스도 봐야 하고, 개그콘서트, 인기 드라마 정도는 시청해야 한다. 엄마들의 커뮤니티를 생각 해보자. 아무리 아이들 때문에 만들어진 모임이라고 하더라도 365일 교육 문제만 논의하고 있을 수는 없는 노릇이다.

집 안에서 텔레비전을 치우는 게 능사는 아니다. 피할 수 없으 면 즐기라는 말처럼 차라리 현명하게 사용하는 방법을 선택하 는 게 더 낫다. 텔레비전을 현명하게 사용하기 위해서는 다음의 8가지 규칙이 준수되어야 한다.

하나, 편성표를 보면서 식구 개개인이 꼭 보고 싶은 프로그램 을 정한다.

둘, 이 중 서로의 의견을 통합하여 가족 모두 함께 볼 프로그 램을 결정한다.

셋, 시청할 프로그램이 정해지면 텔레비전 켜는 시간을 공지 한다. 가족게시판(밴드)을 활용하는 것도 좋은 방법이다.

넷, 식사시간은 피한다. 밥을 먹으며 텔레비전을 보지 않는다.

다섯, 다큐멘터리나 교육 프로그램의 필요한 정보는 메모하는 습관을 들인다.

여섯, 오락 프로그램은 마음껏 웃고 즐기며 시청한다.

일곱, 될 수 있으면 8시에는 뉴스를 본다. 아이들에게 어려운 용어나 세계정세에 관한 간단한 설명을 곁들이면 시사상식에 도움이 된다.

여덟, 주말을 제외하고는 늦은 밤까지 시청하지 않는다.

많은 엄마가 아이의 건강을 생각해서 유기농 재료로 만든 홈메이드 음식을 먹이지만, 이는 유치원 시절에나 가능한 일이다. 아이들이 학교에 들어가면 반드시 간식에 눈을 뜨게 되어 있다. 밖에서 먹는 음식치고 조미료가 첨가되지 않는 음식은 없다. 아무리 엄마가 애를 써도 조미료에 노출될 수밖에 없는 상황이라면, 유기농만 먹일 게 아니라 조미료를 이기는 몸을 만들어주는 게 먼저다.

텔레비전 문제 또한 마찬가지다. 아이들이 피할 수 없다면 현명하게 사용하고 기기에 끌려다니지 않는 환경을 만들어주는 게 더 중요하다. 아이에게 악영향을 미치는 것들을 엄마가 차단하고 통제하면 아이들은 예상치 못한 방향에서 또 다른 꼼수를 생각해낸다. 차라리 툭 까놓고 논의하고 서로에게 이로운 방향을 찾는 게 낫다.

요즘 우리 집은 지나간 프로그램을 VOD 서비스로 자주 다시 본다. "얘들아, 엄마 노희경 작가 팬인 거 알지! 나 그 드라마는 꼭 봐야 해" "지난주에 방영한 다큐멘터리가 그렇게 재미있었다며. 요즘 주변에서 난리던데, 시간 내서 꼭 같이 보자"라며 프로그램을 즐기고 있다.

어린 시절부터 이런 환경에 노출되었던 아들은 얼마 전부터 KBS 역사스페셜을 시청 중이다. 저 스스로 독이 아닌 득이 되는 프로그램을 찾아보는 것이다. 이것이 바로 우리 집 거실에 여전히 텔레비전이 있는 이유다.

성적을 미끼로

부모와 거래하는 아이들 "엄마, 나 이번 시험에서 평균 90점 이상 받으면 휴대폰 바꿔줘."

"그래, 90점 이상만 받아 와. 그러면 최신 스마트폰으로 바꿔줄게."

자녀와 딜Deal, 다시 말해서 거래를 하는 부모가 늘고 있다. 아이는 마치 성적 향상이 가문의 영광이라도 되는 양 거래를 제시하고, 엄마는 혹시나 하는 희망을 안고 바로 "콜"을 외친다.

성적이 향상된 아이에게 선물 하나 해주는 게 문제일 리는 없다. 다만 그 보상은 점수, 석차, 시험 성적뿐 아니라 자녀의 노력, 과정, 방법, 도전정신 등을 포함하는 것이어야 한다. 과정과 노력에 대한 칭찬과 보상은 아이에게 새로운 것을 배우고 싶어하는 욕구와 더불어 공부 자체를 즐기는 즐거움을 선사하기 때문이다.

문제는 보상의 기준이 시험 점수, 등수 등 '숫자' 중심으로 돌아갈 때 일어난다. 과정과 노력이 아니라 시험 점수를 물질적 보상과 교환하려 한다면, 자녀는 공부를 '일'로 인식하게 된다. 이때부터 아이들의 머릿속은 빠르게 돌아간다. 자신의 정당한 노동의 대가를 무엇으로 보상받을지 열심히 머리를 굴리는 것이다. 이것이 바로 아이들이 자연스럽게 '성과급'을 요구하는 이유다.

"엄마, 나 이번에 평균 90점 이상 맞았어. 내가 하루에 4시간씩 자면서 고생한 거 알지? 지난번에 약속한 휴대전화기 오늘 당장 사줘."

엄마는 생각 없이 한 약속인데 아이는 오늘 당장 휴대전화기를 사서 내놓으라고 난리다. 이때 엄마가 시간이 없거나 형편이 여의치 못해 약속을 지키지 않으면 아이는 엄마를 불신하기 시작한다. 평소 부모로부터 이처럼 물질적인 보상을 자주 받는 아이라면, '엄마가 원하는 만큼 성적을 올렸으니 이 정도 선물을 받아야 하는 거 아니야?'라며 받는 것을 당연하게 생각한다. 물질적인 보상으로 동기를 부여하는 것에는 한계가 있다. 보상이나 대가에 따라 움직이는 게 아니라 스스로 해야만 하는 이유를 찾게 만들어주는 게 먼저다.

성적 향상을 핑계로 보상을 요구하는 아이들 때문에 고민하는 엄마들을 만날 때마다 나는 이런 대안을 제시한다. 시험이 끝나는 날, 아이들은 자기들끼리 노래방이나 PC방에 몰려가 뒤풀이를 한다. 시험을 잘 본 아이나 못 본 아이나 즐기는 건 똑같다. 이런 날은 아이의 즐거움을 방해하지 말고 못 본 척하는 게 낫다. 또래끼리 실컷 웃고 떠들다 보면 엄마가 풀어줄 수 없는 스트레스까지 한 방에 날려버리게 될 것이다.

대신 엄마들은 주말에 자녀와 일대일 데이트를 준비한다. 영화나 공연을 보고, 쇼핑도 하고, 맛있는 음식도 먹으며 아이의 스트레스를 풀어준다. 이때 아무리 시험 점수가 궁금하더라도 "시험은 어땠어?" "반 애들은 잘 본 것 같아?" "영어 점수가 지난번처럼 나오면 큰일인데" 등 공격적인 질문이 섞인 대화는 삼가고, 그동안 공부하느라 수고했다며 과정을 칭찬해준다. 진짜 공부를 열심히 한 아이들은 칭찬과 보상에 감사함을 느끼고, 스스로 공부가 부족하다고 생각하는 아이들은 미안한 마음에 심기일전의 각오를 다지게 된다.

흔히 물질적 보상이 아이들이 바라는 전부라고 생각하는데, 아이들에게 가장 큰 보상은 부모의 칭찬과 인정이다. 부모의 인정과 보살핌 속에서 제대로 된 자존감을 형성한 아이는 물질적 보상 따위에 크게 흔들리지 않는다. 그것이 바로 자존감의 힘이다.

'자아존중감'의 줄임말인 자존감은 자신이 사랑받을 만한 가치가 있는 소중한 존재이고 어떤 성과를 이루어낼 만한 능력이 있는 사람이라고 믿는 마음이다. 자존감은 객관적이거나 중립적인 기준이 아닌 매우 주관적인 판단이다. 타인의 평가가 아니라 스스로 평가하고 느끼는 감정이 바로 자아존중감과 자신감인 것이다.

이러한 자존감은 어린 시절 부모를 포함한 타인과의 관계를 통해 형성된다. 타인에게 존중, 칭찬, 인정 등 긍정적인 피드백을 많이 받은 사람은 자존감이 높게 형성되고, 타인에게 무시, 구박, 체벌 등 부정적 피드백을 많이 받은 사람은 낮은 자존감을 형성하게 된다. 고기도 먹어본 사람이 그 맛을 안다고 존중받으며 자란 아이가 높은 자존감을 갖게 되는 것이다.

EBS와 서울대 심리학과에서 공동 조사한 결과에 의하면 자존감이 높은 사람은 자아상과 신체상도 긍정적이고 공감 능력이 높아 다른 사람과의 관계도 좋다고 한다. 또한 성취도가 높아 성적이 뛰어나며 리더로 성장하는 경우가 많은 것으로 나타났다. 자녀의 자존감을 높이기 위해서는 적절한 기대와 관여를 하고, 격려와 긍정적인 피드백을 통해 정체감을 발달시켜야 한다. 물질적 보상이 아닌 긍정적 가치와 긍정적 성취감을 선물해야 한다. 진짜로 아이들이 부모에게 원하는 것은 최신 스마트폰, 메이커 운동화, 게임기가 아니라 존중, 칭찬, 인정의 보상인 것이다.

'중2병'은
불치병이 아니다
"북한이 남침하지 못하는 이유가 뭔지 알아? 바로 중학교 2학년들 때문이야. 핵폭탄만큼이나 무서운 중2들이 우글우글하기 때문이라고."

요즘 '중2병'에 대한 이야기가 많다. 위키 백과에서는 말도 많고 탈도 많은 중2병을 "중학교 2학년 나이 또래의 사춘기 청소년들이 흔히 겪게 되는 심리적 상태를 빗댄 언어로, 자아 형성과정에서 '자신은 남과 다르다' 혹은 '남보다 우월하다' 등의 착각에 빠져 허세를 부리는 사람을 얕잡아 일컫는 인터넷 속어"라고 정의하고 있다. 더불어 중2병의 전형적인 증세들을 소개하고 있는데 재미있는 내용이라 공유하려 한다.

하나, 서양음악을 듣기 시작한다.

둘, 맛도 없는 커피를 마시기 시작한다.

셋, 인기 밴드에 대해 '뜨기 전부터 알고 있었다며' 정색을 한다.

넷, 무엇이든 하면 된다고 생각한다.

다섯, 엄마에게 프라이버시를 존중해달라고 말하기 시작한다.

여섯, 사회에 대한 공부를 어느 정도 하고 역사에 대해 좀 알게 되면 '미국은 추잡하다'라고 이야기한다.

한마디로 중2병은 실제로 상담이나 치료가 필요한 병은 아니고, 사춘기에 자연스럽게 나타나는 허세, 반항 등의 성향을 의미하는 것이다.

보통 아이들의 사춘기가 시작되면 가장 먼저 엄마와 갈등을 빚는다. 엄마보다 친구를 좋아하고 공부보다 게임과 만화에 빠져 귀가 시간이 늦어지며 거짓말만 늘어난다. 엄마의 걱정과 염려를 잔소리와 꾸중으로 받아들이며 반성은커녕 소리를 지르거나 침묵으로 시위하며 충동적으로 행동한다.

엄마들은 통제 불가능한 아이 때문에 불안을 호소하며, 아이 문제 때문에 부부 사이마저 악화하는 경우가 많다. 그런데 이런 상황을 호소하는 엄마들의 말을 가만히 듣고 있으면 그 안에 답이 있는 경우가 종종 있다.

"아이가 제 말을 아예 들으려고 하지 않아요. 대화만 시도하려고 하면 잔소리 좀 그만하라며 제 방문을 걸어 잠그고 들어가기 일쑤고, 소통이 중요하다고 해서 주말에 동네 뒷산이라도 같이 오르자고 하면 아예 집 밖으로 나가버려요."

평소 아이와 별 대화가 없던 엄마가 갑자기 소통하겠다고 아이에게 다가가면 아이는 자신의 영역이 침범당했다고 생각한다. 평소 별로 친분도 없는 옆집 아줌마가 우리 집 현관문을 벌컥 열고 들어와 친하게 지내자고 하는 것과 같은 상황이다. 엄마의 기분보다는 아이의 상태를 먼저 살펴야 한다. 엄마가 원하는 걸 아이가 해주지 않는다고 분노하기보다는 아이가 무엇을 원하고 바라는지를 체크하는 게 먼저다.

사춘기는 부모로부터 떨어져 나가는 단계다. 독립을 준비하며 홀로서기를 연습하는 시기다. 문제는 홀로서기를 준비하는 아이를 부모가 자꾸 둥지 안으로 주저앉히는 데서 시작된다.

"벌써부터 네가 뭘 안다고 난리야. 가만히 엄마 말이나 들어."

"아빠가 시키는 일을 해야 한다. 다 너를 위해 하는 일이야."

부모로서 홀로서기를 준비하는 아이가 불안해 보이겠지만 사실 사춘기는 완벽한 독립 시기가 아니다. 앞서 말했듯 '독립을 위한 준비의 시간'일 뿐이다. 아이들은 부모의 영향에서 벗어나려고 애를 쓰면서도 수시로 엄마, 아빠의 얼굴을 살핀다. 설마 내 손을 놓을까 싶어서, 그래도 흔들리는 나의 손을 잡아주겠지

싶어서 말이다. 소나기가 내리면 일단 피하고 볼 일이다. 끓어오르는 냄비처럼 자신의 감정을 주체 못하는 아이들에게 부모가 너무 적극적으로 다가갈 필요는 없다.

나는 가끔 발달장애우를 가진 엄마들이 자신의 아이를 자신으로부터 분리시키고 독립시키기 위해 고군분투하는 모습을 보면 존경스럽다는 생각이 든다. 몸과 마음이 멀쩡한 자녀를 생각 없는 인형처럼 키우는 엄마들도 많은데, 오히려 장애우를 둔 엄마들은 보호와 도움이 필요한 아이를 독립시키기 위해 애를 쓴다. 홀로서기가 바로 먼 훗날 세상에 혼자 남을 아이를 위해 부모가 남겨줄 수 있는 가장 큰 유산이라 생각하는 것이다.

세상을 살면서 죽을 때까지 버릴 수 없는 단 하나의 욕심이 있다면 바로 자식에 대한 욕심일 것이다. 또한 인생을 살면서 내 뜻대로 안 되는 게 단 하나 있다면 그 역시 아이 문제다. 품 안의 자식은 없다. 모든 일은 다 지나간다. 엄마와 아이 모두 커다란 성장통을 겪는 사춘기, 그 아픔의 크기만큼 엄마도 아이도 성장하기를 바랄 뿐이다.

'체〉덕〉지'의 시대다,
'엉덩이의 힘'을
축적하라

엄마가 아무리 노력해도 좀처럼 성적이 오르지 않는 아이나 유독 산만한 아이의 책가방 속을 살펴보면 십중팔구 오래된 프린트물과 과제가 뒤죽박죽으로 엉켜 있다. 일반적으로 책상이 지저분한 아이, 책가방 속이 엉망인 아이의 성적은 그리 좋지 않다. 집중력이 부족하여 주의가 산만하고 일의 우선순위를 모르니 성적이 좋지 않은 것은 당연한 일이다. 학교 행사 안내장 및 참가 신청서, 등록금 납부 고지서, 수행평가 일정표 등 많은 공지사항을 안내하는 신학기에는 가방 검사가 필수다.

책가방을 열면

아이의 성적이 보인다　　서울학생인권조례의 주요 내용 중
'안전을 위해 긴급한 경우가 아니면 학생의 동의 없이 소지품
검사와 압수를 금지한다'라는 항목이 있다. 서울시교육청의 조
사 결과 학생들이 소지품 검사를 인권 침해 사례라고 생각하는
것을 보니 여전히 학교에서 책가방 검사가 이뤄지는 모양이다.
나 역시 고등학교 시절 선생님들에게 불시에 가방 검사를 당한
기억이 있다. 학생에게 적합하지 않은 물건이 있는지 확인하는
절차였는데 당하는 입장에서는 썩 유쾌하지 않았던 기억이 또
렷하다.

　그럼에도 나는 학부모들에게 자녀의 책가방을 검사해보라고

권한다. 학교생활과 수업 태도를 확인하기 위함이다. 엄마가 아무리 노력해도 좀처럼 성적이 오르지 않는 아이나 유독 산만한 아이의 책가방 속을 살펴보면 십중팔구 오래된 프린트물과 과제가 뒤죽박죽으로 엉켜 있다. 일반적으로 책상이 지저분한 아이, 책가방 속이 엉망인 아이의 성적은 그리 좋지 않다. 집중력이 부족하여 주의가 산만하고 일의 우선순위를 모르니 성적이 좋지 않은 것은 당연한 일이다.

특히 신학기에는 아이들의 가방 검사가 필수다. 신학기에는 학교에서 학교 행사 안내장 및 참가 신청서, 등록금 납부 고지서, 교과 성적에 들어가는 수행평가 일정표 등 많은 공지사항을 안내한다. 그런데 낯선 환경과 새로운 친구에게 적응하느라 바쁜 아이들에게 학교의 공지사항은 그리 중요한 문제가 아니다. 아이들이 학교에서 나눠준 것들을 가방 속에 넣고 잊어버리기 경우가 많으니 신학기 초에는 반드시 엄마들의 확인이 필요하다. 이때 강제로 아이의 가방을 검사하는 것보다는 아이와 대화를 나누며 자연스럽게 가방을 열어보는 게 좋다.

가방 확인이 끝났으면 교과서를 펼쳐본다. 교과서만 봐도 아이의 수업태도를 알 수 있는데, 교과서가 마치 새 책 같다면 수업 시간에 집중하지 않는다는 증거다. 반면 수업 시간에 배운 내용이 꼼꼼히 기록되어 있다면 열심히 공부하고 있다고 믿어도 된다.

덤벙거리는 남학생들은 교과서를 챙기지 않고 등교하는 경우가 특히 많다. 이런 성향의 아이를 두었다면 학교 시간표대로 가방 속에 교과서가 제대로 있는지 확인해보라. 실제로 많은 학생이 교과서를 준비하지 않아 수행평가에서 감점당하는 일이 벌어진다. 교과서만 제대로 챙겨도 수행평가에서 감점당할 불상사는 없을 것이다.

이어서 필통을 점검한다. 부러진 연필은 없는지, 볼펜은 색깔별로 있는지, 중요한 사항을 체크할 형광펜은 있는지, OMR 카드 작성 시 필요한 컴퓨터 펜은 있는지 확인해보자. 공부에 필요한 필기구를 빠짐없이 챙기는 것은 공부를 열심히 하겠다는 의지의 표현이다.

마지막으로 책가방의 무게를 줄이자. 가방을 정리하는 게 귀찮다고 필요한 물건들을 죄다 넣어 다니는 아이들이 많다. 한 기관에서 초등학생들의 가방 무게를 조사해보니 초등학교 2학년 학생들의 평균 가방 무게가 약 3.4킬로그램이었다. 아이들 체중의 13퍼센트나 되는 수준이다. 가방이 체중에 비해 지나치게 무거우면 어깨, 허리에 무리가 생길 수 있으니 엄마의 지도가 필요하다.

미국정형외과학회가 권고하는 올바른 책가방^{Back Pack}사용법

1. 아이의 체격을 고려하여, 이에 맞는 크기의 가방을 결정한다.

2. 멋을 낸다고 한쪽 어깨에만 가방을 메는 아이들이 있는데 이
   는 성장기 척추 건강에 매우 악영향을 미친다. 반드시 양쪽 끈
   모두를 사용하게 하며 허리벨트가 달려 있다면 이 역시 꼭 사
   용하도록 한다.

3. 어제의 준비물이 들어 있는 책가방 속에 오늘 준비물을 또 넣
   는 아이들이 있다. 책가방 속에는 반드시 그날 필요한 물건만
   담아가는 훈련을 시킨다.

4. 가장 무거운 짐은 등 가까이에 배치한다.

책상 정리를
잘하는 아이가
공부도 잘한다

책가방과 책상이 지저분하다는 것은
아이가 집중력이 떨어지고 잡생각이 많음을 의미한다. 실제로
공부 잘 하는 아이의 책상은 군더더기 없이 깔끔한 모습을 가지
고 있다. 공부를 방해하는 물건은 스스로 책상에서 몰아내고, 효

율적인 물건 배치를 통해 조금이라도 집중도를 높이는 방법을 찾아내기 때문이다. 반면 성적이 좋지 않은 아이의 책상은 그 반대인 경우가 많다. 교과서와 참고서, 학습지, 만화책, 장난감 등이 어찌나 무질서하게 쌓여 있는지, 노트 한 권 펼칠 공간이 없을 정도다.

아이가 집 안에서 가장 많은 시간을 보내는 공간은 바로 자신의 방이다. 자고, 놀고, 먹고, 공부하는 모든 활동이 방에서 이루어진다. 그런데 정리되지 않은 공간은 아이를 산만하게 만든다. 고개만 들면 장난감이 보이고, 눈만 돌리면 만화책이 보이니 공부에 집중하기가 쉽지 않다. 정리정돈이 필요하다는 이야기다.

방을 정리할 때는 정리 이유를 확실히 설명해주고 아이에게 먼저 시간을 주도록 하자. 아이가 중요하다고 생각하는 물건을 스스로 정리할 수 있는 시간을 주는 것이다. 엄마의 판단으로 아이의 물건을 함부로 버리면 아이는 사생활을 침해받았다고 생각한다. 엄마가 치워준 깨끗한 방에 앉아 있어도 기분이 좋기는커녕 짜증만 나게 된다.

눈금도 흐릿한 낡은 플라스틱 자, 녹슨 가위, 말라버린 풀, 몇 장 남지 않은 스케치북, 오래된 책과 노트, 뚜껑 없는 볼펜 등은 아이의 집중력을 방해하는 가장 큰 요소다. 공부에 필요한 책상

스탠드, 노트와 연습장, 당장 공부할 책만 남기고 나머지 잡다한 물건은 모두 공부를 방해하는 몬스터에 불과하다. 미련 없이 치워버리는 엄마의 과감함이 필요한데, 이때는 반드시 아이와 충분한 대화를 나눠야 한다. 이러한 물건들이 왜 필요 없는지, 왜 버려야 하는지 등을 반드시 설명해줘야 한다.

책상 유리 아래 각종 사진과 메모 등이 있다면 이 역시 정리하고, 만화책, 소설책 등 공부에 방해되는 책은 가능한 한 멀리 떨어진 곳에 둔다. 반면 학습지, 참고서, 프린트 등은 아이가 고개를 들면 보이는 정면에 정리해주는 게 좋다. 아이들 스스로 물건을 나누고, 정리하고, 기억하는 활동이 습관화되면 생각을 정리하는 힘도 함께 키울 수 있다.

잠보다 좋은
보약은 없다
방송 녹화 중 들은 이야기다. 방송인 A씨가 출산 후 산후조리원에서 몸조리를 하려고 누워 있는데, 갑자기 신생아실에 있는 아이가 온종일 먹고, 자고, 노는 모습이 불안하게 느껴졌다고 한다. 그래서 벌떡 일어나 태어난 지 일주일밖에 안 된 신생아에게 초점 책을 보여줬다고 한다. 생후 6개월 때는 아이의 성장판을 자극하는 마사지를 배우러 갔는데, 1시간 동안 아이의 목을 받치고 앉아있으려니 마치 벌을 받는 기분이었다며 쑥스러운 웃음을 지어 보였다.

"아이가 선천적으로 똑똑하고 재능 있게 태어났는데 저 때문에 그 재능을 발견하지 못하면 어떡해요. 어제는 영어 CD를 틀어줬는데 옹알이를 하며 눈을 맞췄다니까요. 이렇게 똑똑한 아이를 그냥 방치할 수는 없잖아요."

이처럼 성장 프로그램으로 출발한 영유아의 사교육은 점차 학습 영역으로 확대된다. 6개월 된 아기들이 교구를 이용한 영재교육을 받고, 두 돌도 지나지 않은 아기들이 영어 수업을 받는다. 2017년 1월 육아정책연구소의 보고서에 따르면 우리나라 5세 아동의 주당 사교육 횟수는 5.2회, 1회당 교육 시간은 50.1분이고, 2세 아동은 주당 2.6회, 1회당 47.6분이다. 생후 2개월부터 스트레칭수업, 6개월부터는 영재수업, 15개월부터는 미술수업, 18개월부터는 영어수업을 받을 수 있다고 하니 그저 놀라울 따름이다.

학생에게는 공부가, 직장인에게는 업무가 일이듯, 먹고, 자고, 배설하는 게 바로 그 시기 아이들이 중점적으로 해야 하는 일이다. 그런데 자야 할 시간의 아기들이 공부하고 있는 이 상황을 어찌하면 좋겠는가. 학습 효과는 둘째 치고 건강에 문제가 없을

지 걱정이다.

2015년 미국수면재단^{NSF} 전문가들은 새로운 연령대별 권장 수면 시간을 책정해 발표했다. 이에 따르면 신생아(0~3개월)는 14~17시간, 영아(4~11개월)는 12~15시간, 유아(1~2세)는 11~14시간이 적합하다고 한다. 미취학 연령 아동(3~5세)은 10~13시간, 취학 연령 아동(6~13세)은 9~11시간, 10대(14~17세)는 8~10시간이 적합하다고 한다. 수면이 부족하면 낮의 졸림, 기억력 저하, 인지 기능 감소 등으로 학습 능력이 낮아질 수 있으며, 의욕 저하나 우울감, 공격성이 높아져 정서가 불안해질 수도 있다. 전문가들은 지속적으로 수면이 부족하면 비만, 당뇨, 심장병 등의 성인별을 초래할 수도 있다고 조언한다.

2015년 교육부, 보건복지부, 질병관리본부가 수행한 '제11차 청소년건강행태온라인조사'(2015) 결과에 따르면 서울 청소년의 수면시간은 하루 평균 6시간 6분으로 5년 전보다 6분 줄어든 것으로 나타났다. 평균적으로 중학생은 6~7시간, 고등학생은 5시간 정도 수면을 취한다고 하는데 피로가 회복될 만큼 잠을 충분하게 잤다고 생각하는 청소년은 27.8퍼센트에 불과했다.

스페인의 바르셀로나 대학교에서 6~7세 아동을 대상으로 실시한 '수면 시간과 학교에서의 행동 및 학습 능력 간의 상관관계'라는 연구 결과에 의하면 초등학생에 적당한 수면은 평균 9시간이다. 이 연구 결과에 따르면 초등학생들이 9시간 이하의 수면을 취하거나, 수면 시간이 불규칙한 경우 학습 능력이 저하되는 것으로 나타났다. 또한 초등학생이 수면이 부족한 경우 공격적인 행동을 보인다는 연구 결과도 있다. 감정과 분노를 조절하는 능력이 떨어지기 때문이다.

현대 과학에서 아이들의 키에 유전적 요인이 미치는 영향은 20~30퍼센트 내외로 본다. 나머지 70~80퍼센트는 수면, 운동, 스트레스, 영양 등 후천적 요인에 따라 달라지는 것이다. 덧붙여 성장호르몬은 아이들이 잠든 늦은 밤과 새벽 사이에 분비된다. 오죽하면 자는 만큼 키가 큰다는 말이 있겠는가. 제대로 잠을 자야 피로가 풀리고 성장 호르몬이 분비되어 키가 쑥쑥 자라는 것이다.

잠을 제대로 자지 못한 아이들은 예민하고 신경질적이다. 성인도 밤잠을 설치면 신경이 곤두서기 마련인데 어린아이들은 오죽할까. 성장기 아동들에게 잠보다 좋은 보약은 없다. 취학 전 아동에게 영어 단어 몇 개 가르치는 것보다는 푹 재워서 키를 크게 만드는 게 더 중요하지 않겠는가?

아이들을 재대로 제우기 위해서는 부모도 일찍 잠자리에 드는 습관을 들여야 한다. 아빠는 컴퓨터 게임을 하고 엄마는 텔레비전을 보면서 아이에게 일찍 들어가 자라고 소리를 지르는 것은 바람직하지 않다. 어쩌면 거실의 환한 불빛과 텔레비전 소리가 아이의 수면을 방해하는 가장 큰 원인일지도 모른다. 특히 맞벌이 가정의 경우 취침 시간이 전반적으로 늦어 아이들이 덩달아 늦게 자는 경우가 많은데, 아이의 성장을 생각한다면 빨리 잠드는 분위기를 만들어야 할 것이다.

숙면을 취하는 방법을 다음과 같다.

하나, 잠자기 3시간 전에는 과격한 운동을 하지 않는다.

둘, 잠자기 1~2시간 전에는 컴퓨터, 스마트폰, TV시청을 금한다.

셋, 늦은 밤에는 야식 등 자극적인 음식을 먹지 않는다.

넷, 잠들기 1~2시간 전에는 물이나 음료를 마시지 않는다.

**벼락치기도
체력이 있어야 가능하다**　요즘 엄마들에게 "보내고 싶은 고등학교가 어디인가요?"라고 물어보면 대부분 "용인외대부고요"라고 말한다. '용인한국외국어대학교부설고등학교'라는 긴 이름을 가진 이 학교는 2005년 용인외고로 개교하여 2014년에는 인문사회계열, 자연과학계열, 국제계열 학생들을 뽑는 전국형 자사고로 전환되었다. 2008학년도 첫 입시에서 국내계열 졸업생 215명 중 서울대 21명, 고려대 55명, 연세대 35명 합격, 절반 이상이 SKY에 합격하여 놀라움을 주더니 2016학년도 입시에서는 256명 중 서울대 84명, 고려대 61명, 연세대 72명합격, 84%가 넘는 SKY 합격률을 보여주었다.(자료 출처: 학교 홈페이지)

2016학년도 수능 1, 2등급 비율이 가장 높은 학교 1위, 2017학년도 수능 만점자 세 명 중 한 명을 배출한 학교로 개인적으론 내 딸이 졸업한 학교라 애착이 더 간다.

뛰어난 진학실적만 보고, 용인외대부고 학생은 공부만 한다고 오해를 하기도 하지만, 학교 운동장에 가보면 스포츠를 즐기는 학생들을 많이 만날 수 있다. 용인외대부고의 1인 1체육 프로그램은 정규 교육과정 내의 체육수업과는 구분되는 프로그램으로 축구나 농구 등 보편적인 스포츠뿐만 아니라 태극권, 골프, 스포츠 댄스, 배드민턴 등 다양한 종목을 수강할 수 있다. 평소 라크로스, 플래그풋볼, 농구, 축구, 태권도, 요가, 필라테스, 골프, 웨이트트레이닝, 테니스를 통해 체력도 키우고 스트레스도 날려보내는 용인외대부고 학생들을 보면 건강한 학생이 공부도 열심히 하게 되는 것임을 알 수 있다.

학교 체육이 변하고 있다. 2012년 발표된 학교체육진흥법의 주된 내용은 '1학생 1스포츠 활동'과 관련된 것이었다. 학교 수업이 입시 위주의 과목에 집중되고, 학교 운동장에서 운동하는 학생들이 점점 없어짐에 따라 학생들의 신체적, 정신적 건강을 고려한 조치다. 2013년 교육부에 의하면 모든 초등학교에 체육 전담 교사가 배치되고 중고교에는 스포츠 프로그램을 전담할 스포츠 강사가 집중적으로 배치된다고 한다.

그런데 정작 학부모들은 자녀가 열심히 운동하는 것을 그리 좋아하지 않는다. 주말에 동네 놀이터에서 종일 친구들과 놀고 있으면 "공부는 언제 할 거니?"라는 잔소리부터 늘어놓기 일쑤다. 운동이 공부 시간을 빼앗고, 끝나면 피곤해서 집중력이 떨어지고, 혹시 운동하다가 다치기라도 하면 그만큼 손해라고 생각하기 때문이다.

상담을 한 학생 중 달리기를 좋아하는 학생이 있었다. 이 학생의 특기는 '이어달리기'였는데 학교생활기록부를 보면 교내 체육대회에서 매해 수상할 만큼 실력이 월등했다. 하지만 엄마의 눈에는 아들의 특기가 보이지 않았던 모양이다. 엄마는 상담에 와서 그저 떨어지는 수학 점수 때문에 특목고에 가지 못하면 어쩌느냐는 걱정만 늘어놓았다. 엄마의 우려와 달리 아들은 입시의 주요 서류인 '자기소개서'에 이어달리기 경험을 진정성 있게 표현, 특목고 합격의 기쁨을 누리게 되었다.

나는 이어달리기를 좋아한다. 이어달리기는 네 명이 함께하는 운동이기 때문에 협력과 전략이 중요하다. 각자의 능력에 맞는 순서를 정하고 서로 격려하며 함께 운동한 결과 우리 팀은 좋은 성과를 거둘 수 있었다. (…) 단체 운동은 서로에 대한 배려와 협력을 배울 수 있는 좋은 기회다. 더불어 체력도 키울 수 있기 때문에 오랜 시간을 공부해도 쉽게 지치지 않는다. 힘든 공부였지만 특목고 입시를 준비를 기쁜 마음으로 할 수 있었던 것은 운동의 효과라 생각한다.

_S고에 합격한 A군의 자기소개서 중에서

2017학년도 서울대 수시 입학 요강을 보면 입학서류인 학생부, 자기소개서, 추천서 등을 평가할 때 '고등학교 전 과정에서 국어, 영어, 수학, 사회, 과학뿐만 아니라 음악, 미술, 체육 등 전 교과를 충실히 이수하였는지를 고려함' '공동체 정신, 교육환경, 교과이수 기준 충족 여부 등을 고려함'이라는 문구가 있다. 앞으로 서울대를 희망하는 학생은 공부는 물론이고 예술과 체육에 관한 능력도 보여줘야 한다는 이야기다.

입시를 위해 아이들을 공부방으로 몰아넣는 시대는 끝났다. 벼락치기 공부도 체력이 있어야 가능하다. 안 그래도 요즘 상담실을 찾는 학부모 중 자녀의 척추측만증 증세를 고민하는 사람이 적지 않다. 아이가 허리 통증을 호소해 책상에 앉히질 못한다고 한다. 실제로 척추가 10도 이상 옆으로 틀어진 척추측만증을 앓는 청소년이 10년 새 5배나 급증했다는 언론의 보도도 있다. 공부와 컴퓨터 사용으로 책상에 앉아 있는 시간이 증가하는 만큼 허리의 부담은 늘어 가는데, 근력이 약해 척추가 이를 이겨내지 못하는 상황인 것이다. 건강을 잃으면 공부가 다 무슨 소용이 있겠는가. 건강한 신체에 건강한 정신이 깃든다는 단순하고 명쾌한 진리를 우리가 너무 오랜 시간 잊고 살았던 게 아닌가 한다.

어릴수록 효과 좋은
경제교육

유대인은 성인식을 치를 때 부모나 친척으로부터 축하금을 받는데 이를 채권이나 주식 등에 장기 투자하여 본인의 학자금 및 사업 자금에 조달한다. 일찌감치 종잣돈을 만들어 경제적 독립을 시키는 것이다. 돌이켜보면 나도 자녀의 종잣돈을 만들어줄 기회가 많았다. 백일 혹은 돌 때 받았던 금반지와 축하금, 아이들이 해마다 내게 맡긴 세뱃돈, 한바탕 펀드 바람이 불었을 때 아이의 이름으로 들었던 적립식 펀드 등이 바로 그것이다. 결과적으로 그 돈들은 흔적 없이 사라졌지만 아직 종잣돈을 만들어줄 기회는 많이 남아 있다. 특히 초등학생 자녀를 둔 엄마들은 주의 깊게 듣기를 바란다.

아이에게 종잣돈을 마련해주기 위해서는 가장 먼저 자녀 명의의 통장을 만드는 게 좋다. 요즘 아이들은 돈을 참 좋아한다. 부모가 어떤 직업을 가지고 있느냐보다 집의 평수, 자동차, 옷의 메이커 등으로 부모의 능력을 체크한다. "커서 어떤 일을 하고 싶니?" 하고 물어보면 구체적인 직업은 말하지 못해도 "돈을 많이 버는 사람이 될 거예요"라고 대답하는 아이들이 많다.

이처럼 돈을 좋아하는 아이들에게 본인의 이름이 떡하니 새겨진 통장을 만들어주면 참으로 뿌듯해한다. 통장에 찍혀 있는 잔액은 중요하지 않다. 엄마, 아빠의 간섭을 받지 않고 스스로 운용할 수 있는 통장을 소유했다는 자체가 좋은 것이다.

금융기관의 근무시간이 오전 9시부터 오후 4시까지여서 아이가 은행에 직접 가기는 어렵지만 동네 곳곳에 ATM이 있으니 은행 거래는 손쉽게 할 수 있을 것이다. 통장 개설은 학교가 쉬는 재량휴업일이나 개교기념일을 활용하면 된다. 이때 예금과 대출의 의미는 무엇인지, 금리, 연체, 신용불량자 등의 뜻도 함께 설명해주면 자녀들이 자연스럽게 경제에 흥미를 가질 수 있다. 다음은 아이들에게 살아 있는 경제 공부를 시키기 위한 4가지 방법이다.

하나, 수입과 지출의 흐름을 가르쳐라. 성인들도 신용카드를 사용하다 보면 자신이 한 달에 얼마를 쓰는지 도통 감을 잡지 못한다. 무분별하게 지출하다가 카드명세서를 확인하고 나서야 자신의 지출 규모를 자각한다. 세 살 버릇 여든까지 간다고 이러한 소비 행태를 막기 위해서는 어린 시절부터 수입과 지출에 관한 개념을 가르쳐야 한다. 아이 스스로 '한 달에 받은 용돈이 3만 원이면 일주일에 얼마를 써야 하고, 얼마를 저축해야 한다'라는 식의 지출 계획을 세우게 한다. 이것이 바로 계획적 소비의 첫걸음이다.

둘, 합리적인 소비를 가르쳐라. 요즘 아이들에게 인터넷 쇼핑은 생활 그 자체지만, 나는 아이들을 인터넷 쇼핑이 아닌 시장으로 이끈다. 합리적인 소비 공부를 위해서다. 싸고, 빠르게 배달되는 인터넷 쇼핑의 장점을 모르는 바는 아니지만, 나는 가급적 시장에 가서 물건을 직접 보고 구입하라고 권한다. 인터넷 쇼핑몰에서는 가격 비교와 다른 사람들의 리뷰를 보고 물건을 구매하지만 시장은 다르다. 본인이 발품을 팔아 여러 곳을 비교하고 색상, 디자인, 바느질 등 전체적인 품질도 평가해야 한다. 눈으로 확인하고 물건을 고르니 제품을 보는 안목이 높아질 수밖에 없다. 또한 인터넷은 충동구매를 하기 좋지만 시장에서는 계획적인 소비가 가능하다. 본인 지갑에서 돈이 나가는 게 보이니 얼마를 썼는지, 얼마가 남았는지도 한눈에 파악할 수 있다. 충동구매에서 벗어나 합리적인 소비를 공부하기에 적합한 장소인 셈이다.

셋, 돈은 뭉쳐야 커진다는 것을 알게 하라. 정기 적금이나 적립식 펀드는 자녀에게 좋은 상품이다. 티끌 모아 태산이 된다는 진리를 몸소 깨우치면 500원짜리 동전 하나도 소중하게 간직할 것이다.

넷, 안전한 곳에 돈 묻는 방법을 알게 하라. 10만 원이든 50만 원이든 100만 원이든 목돈이 만들어지면 장기채권이나 우량 주식 등에 장기 투자를 권해본다. 이때 부모가 자녀와 함께 금융기관을 방문하는 것이 가장 좋은데, 영업점에서 상품 가입 절차를 겪어보면 이보다 실질적인 경제교육이 없음을 알게 된다. 담당자로부터 금리에 관해 설명도 듣고 자신이 모은 돈이 어느 곳에 쓰이는지 알아보는 것도 아이들의 흥미를 자극한다.

승리하는 아이를
만드는 아빠의 힘

선택과 집중, 전략과 전술에 익숙한 아빠들은 사회생활과 직장생활의 경험을 자녀의 입시 컨설팅에 접목한다. 회사에서 중요한 자료를 정리하듯이 자녀의 성적, 활동, 학원 스케줄 등 입시에 필요한 모든 정보를 데이터화한다. 마치 프레젠테이션을 하듯 엑셀이나 파워포인트로 정리된 자료를 들고 상담실을 찾아오는 아빠들도 있다. 이들은 수시로 인터넷 입시 관련 사이트를 뒤지며 자녀에게 꼭 맞는 정보를 수집하고 3,000가지가 넘는 대입 전형을 분석하면서 내 아이에게 가장 적합한 전형을 찾아내기도 한다. 직장생활을 통해 쌓은 분석 능력을 자녀 입시에 적용하는 것이다.

신인류의 등장,
에듀파파

아이가 공부를 잘하기 위해서는 '엄마의 정보력, 아빠의 무관심, 동생의 희생, 할아버지의 경제력'이 필요하다는 말이 유행한 적이 있었다. 우스갯소리지만 입맛이 씁쓸해지는 것은 어쩔 수 없다. 날마다 뒤집히는 교육 정보를 놓치지 않기 위해 아등바등하는 엄마, 돈 벌어오는 기계가 되어버린 아빠, 게다가 동생의 희생까지… 도대체 이놈의 공부가 뭐기에 온 가족이 불행해야 하는지 알다가도 모를 일이다. 그런데 요즘 이 말이 변하고 있다. 아빠의 무관심이 아니라 아빠의 분석력이 아이의 성공을 좌우한다는 것이다.

몇 년 전부터 대학 입시설명회 자리에서 적지 않은 아빠들을 만날 수 있었다. 오전에 열리는 학원 설명회에 참석하기 위해 회사에 휴가를 신청한 아빠도 적지 않았다. 아빠들은 궁금한 것이 있으면 바로바로 질문하고 학원의 커리큘럼, 교재 수준, 숙제의 양까지 따져가며 자녀의 학원 시간표를 만든다. 회사에서 회의하듯 진지한 표정으로 연사의 말을 귀담아듣고 중요한 사항은 항상 필기한다. 집에 돌아가서는 두꺼운 입시자료집을 분석하고 자녀에게 맞는 전략을 세운다.

선택과 집중, 전략과 전술에 익숙한 아빠들은 사회생활과 직장생활의 경험을 자녀의 입시 컨설팅에 접목한다. 회사에서 중요한 자료를 정리하듯이 자녀의 성적, 활동, 학원 스케줄 등 입시에 필요한 모든 정보를 데이터화한다. 마치 프레젠테이션을 하듯 엑셀이나 파워포인트로 정리된 자료를 들고 상담실을 찾아오는 아빠들도 있다. 이들은 수시로 인터넷 입시 관련 사이트를 뒤지며 자녀에게 꼭 맞는 정보를 수집하고 3,000가지가 넘는 대입 전형을 분석하면서 내 아이에게 가장 적합한 전형을 찾아낸다. 직장생활을 통해 쌓은 분석 능력을 자녀 입시에 적용하는 것이다.

입시전문가 수준의 아빠들도 등장했는데, 학부모들이 참여하는 인터넷 교육 사이트에서 이들의 활약은 더욱 돋보인다. 입시요강이 바뀔 때마다 상사에게 보고서를 제출하듯 신속하게 자료를 정리해 올리기도 하고, 입시 관련 뉴스에 본인의 견해를 담은 분석 자료를 포스팅하기도 한다.

우리는 이런 아빠들을 에듀파파Edupapa라고 부르는데, 40대 이상의 고학력자와 전문직 종사자들 중 자녀교육에 열성적인 아빠들이 이에 해당한다.

모든 부모가 다 그렇겠지만 특히 사회적으로 성공한 아빠들은 자녀가 자신과 대학 동문이 되기를 원한다. 현재 본인의 삶에 만족하므로 내 아이 역시 같은 길을 가기를 바라는 것이다. 반대로 본인이 학력이 부족해 사회생활이 순탄치 않았던 아빠들 역시 내 아이만큼은 좋은 대학에 보내고 싶어 한다. 사회생활을 통해 학벌과 인맥의 중요성과 그 영향력을 충분히 경험한 탓이다.

"사회생활에서 학연은 무시 못하는 거야. 학번 차이가 엄청나는데도 대학 동문이라는 이유로 바로 선후배가 되거든. 지금은 무슨 말인지 모르겠지만, 어른이 되면 아빠의 말을 이해하게 될 거야. 아빠 말 듣고 공부 열심히 해서 명문대에 진학해봐. 나중에 아빠한테 고맙다고 할걸?"

대부분의 에듀파파는 공부 하나만큼은 자신 있는 사람들이다. 과거 과외 경험을 살려 마음만 먹으면 언제든 자녀를 직접 가르칠 수 있다. 실제로 왕년에 유명한 족집게 과외 선생님이었음을 자처하며 교재를 펼쳐들고 자녀를 가르치는 아빠들이 늘고 있는 추세다. 가끔은 사적인 감정이 개입되어 수업 중 큰소리가 날 수도 있지만 대부분의 아빠들은 엄마들보다는 냉철하고 차분하게 아이를 대하며, 논리적으로 아이를 가르친다.

잔소리가 아닌
관심을 보여라　　　　에듀파파들은 자녀의 인성교육에서 자신들의 역할이 얼마나 중요한지 잘 알고 있다. 말 잘 듣고 순하던 착한 아이들도 사춘기가 되면 부모와 어긋나기 시작한다. 부모의 말을 듣지 않는 것도 속상할 노릇인데 성적마저 떨어지니 미치고 팔짝 뛸 노릇이다. 껌딱지처럼 엄마와 붙어 다니던 아이들이 엄마를 무시하고, 기 싸움을 하며 반항 아닌 반항을 하니 말이다.

이때 필요한 것이 바로 엄마에 대한 아빠의 전폭적인 지지다. 아빠가 엄마의 뜻을 전폭적으로 믿고 지지해주면 자식 또한 엄마를 함부로 대하지 않는다. 물론 아이에게 아빠에 대한 존경심이 있을 때 가능한 일이다.

아빠들이 무조건 권위적으로만 접근하는 것은 아니다. 채찍이 아닌 당근으로, 오롯이 사랑으로만 아이의 마음을 돌리는 경우도 있다. 상담실을 찾은 민수는 초등학교 6학년 시절 지독한 사춘기를 앓았다. 상위권이었던 성적은 바닥으로 곤두박질쳤고, 아이는 그저 밖으로만 나돌았다. 엄마의 말에는 성질과 짜증 아니면 침묵으로 일관했다. 갑작스럽게 변한 아들의 모습에 당황한 엄마는 매일 밤 눈물을 벗 삼아 잠들었다.

보통의 아빠 같으면 "도대체 무엇이 불만이냐"라며 아이를 다그쳤겠지만 민수 아빠는 달랐다. 아무 말 없이 아들을 지켜보면서 매일 아침 민수의 안경을 닦아주었다. 아이가 엄마와 크게 다툴 때도, 제 방문을 닫고 들어가 나오지 않을 때도 아빠는 그저 묵묵히 아들의 안경을 닦았다. 그렇게 2년이 지난 어느 날, 민수가 아빠에게 먼저 다가왔다. 변함없는 아빠의 사랑에 감동한 아이가 스스로 제자리를 찾은 것이다.

아이들의 초자아가 형성되는 4~7세 무렵, 그리고 사춘기가 시작되는 초등학교 5학년에서 중학교 1학년 무렵까지 아빠의 역할은 무엇보다 중요하다. 백화점 장난감 코너에서 떼쓰는 어린아이나 사춘기가 시작되었다고 불손한 태도로 문을 쾅 닫는 아이에게 아빠의 권위 있는 한마디가 주는 효과는 크다.

아직 아무것도 모르는 어린아이라고, 예민한 사춘기라고 아이를 옹호하지 말고, 그릇된 행동이 정당화될 수 없음을 상기시켜야 한다. 밥상머리 교육은 엄마 혼자 하는 게 아니라 부부가 함께 만들어나가는 가장 중요하고 기초적인 인성교육임을 잊지 말아야 한다.

가정에서 아빠의 역할은 단순한 훈육으로 끝나는 게 아니다. 인생의 롤모델과 멘토의 역할로 확대된다. 성공한 아빠들은 자신의 경험을 바탕으로 자녀에게 직업을 대물림하고 싶어 한다. 아이가 자신의 길을 그대로 걸으면 멀리 돌아가지 않고 성공할 것이라 믿는다. 의사가 된 아빠는 그 누구보다 의사가 되는 길을 잘 알고, 법조인은 판검사가 되는 길을 누구보다 잘 알고 있기 때문이다.

꿈을 잃고 방황하는 아이에게 생생한 사회생활의 경험담을 들려주면 자녀는 신선한 자극을 받는다. 무조건 부모의 뜻을 강요할 수는 없으니, 아이를 아빠의 일터로 초대하거나 직업과 관련 동영상 등 자료를 함께 보는 것도 괜찮은 방법이다. 아이가 자연스럽게 아빠의 직업에 흥미를 가지고 친근함을 느끼게 만드는 것이다.

특히 사춘기 때 아빠의 역할은 아무리 강조해도 지나침이 없다. 평소 남편의 태도에 불만이 있더라도 아이 앞에서는 위신을 세워주고 자녀교육에 참여하는 남편에게 격려와 응원의 박수를 보내줘야 한다.

사실 에듀파파는 우리 집에도 있다. 남편은 끊임없는 대화를 통해 아들의 지독한 사춘기 열병을 함께 치러냈으며, '공부 못하는 것은 괜찮으나 버릇없는 것은 절대 용서할 수 없다'라는 신념으로 아이들의 훈육을 도맡았다. 무서운 아빠는 아니었지만 엄한 아빠였음이 분명하다. 귀한 자식일수록 엄하게 길러야 하며, 아이의 요구를 무조건 수용하는 것은 자식을 망치는 지름길이라고 믿었기 때문이다. 그 덕분에 아들은 반듯하게 성장했고, 대학에 들어갈 때도 아빠의 조언에 따라 학과를 정하기도 했다. 군대에 있는 아들이 휴가 나와서 가장 많은 이야기를 나누는 사람도 물론 아빠다. 부모는 아이에게 최초의 스승이자 가장 훌륭한 선생이라는 말이 있다. 아이의 롤모델이 되기 위해서는 부모 역시 모범을 보여야 한다.

여전히 많은 가장이 교육은 엄마 몫이라고 생각한다. 하지만 아이의 감정지능, 정서지능, 자존감은 엄마 혼자 만들 수 있는 게 아니다. 이런 사실을 깨닫게 되었기에 에듀파파가 점점 늘어나는 것이리라. 엄마와 함께 아빠가 나서야만 비로소 제대로 된 교육이 이루어진다. 바쁜 사회생활 때문에 따로 시간을 내기 어렵다면 함께 있는 시간만이라도 아이에게 잔소리가 아닌 관심을 보여주자. 간섭과 관심은 한 끗 차이다. 바로 이 '한 끗' 차이가 승리하는 아이를 만들어낸다.

아이에게 롤모델이 필요한 순간

[표 22]는 한국직업능력개발원에서 초등학생과 중학생을 대상으로 희망 직업을 조사한 결과다. 얼마 전 안양의 한 강연에서 어떤 초등학생에게 이 표를 보여주고 물었다.

"학생은 커서 뭐가 되고 싶어요?"

"야구선수요."

그 이유를 물었더니 동네 놀이터에서 친구들과 야구를 했는데 우연히 홈런을 쳤다고 한다. 그 덕분에 야구에 재미를 느꼈고 자신이 야구에 소질이 있음도 알게 되어 야구선수라는 꿈을 꾸게 되었다는 것이다.

대다수의 학생에게 꿈을 물어보면 대부분 시큰둥한 표정으로 "없다"라고 대답한다. 특별히 되고 싶은 것, 하고 싶은 것은 없고 그저 '돈을 많이 벌고 싶다'가 꿈인 학생들이 더 많다. 운동선수나 의사, 연예인을 꿈꾸는 아이들은 돈이 목적이고, 교사나 경찰 등이 되고 싶다는 아이들은 안정적인 직업이라고 말하는 어른들의 의견에 따른 것뿐이다.

하늘의 별을 보며 천문학자를 꿈꾸고, 나이팅게일의 이야기를 읽으며 간호사를 꿈꾸는 것은 동화에서나 볼 수 있는 풍경이 된

[표 22] 내가 하고 싶은 일은?

What is Your Dream?

초등학생

운동선수 **14.7%**

교사 13.3%

연예인 10%

의사 9.7%

과학자 8.3%

경찰 5.7%

요리사 4.0%

화가 3.3%

음악종사자 3.0%

공무원 2.3%

중학생

교사 **11.6%**

의사 9.2%

연예인 7.4%

공무원 6.7%

과학자 8.3%

요리사 5.3%

운동선수 4.2%

경찰 3.2%

자영업 3.2%

컴퓨터전문가 3.2%

지 오래다. 부모들도 마찬가지다. 김연아 선수나 박태환 선수가 어린 시절부터 자신의 꿈을 찾아 매진해온 과정은 생략하고 그저 돈을 많이 버니 자신의 아이도 운동선수가 되었으면 좋겠다는 식이다.

먼바다를 항해하고자 하는 사람은 떠나기 전 먼저 지도에서 목적지를 확인한다. 지방이나 해외로 여행을 가는 사람이라면 목적지에 도착하기 위해 어떠한 수단을 이용할 것인지, 무엇을 먹을 것인지, 어디서 잠잘 것인지를 계획한다. 꿈도 마찬가지다. 아이가 분명한 꿈을 가지기 위해서는 자신이 가고자 하는 목적지와 수단을 강구해야 한다.

꿈을 만드는 가장 쉬운 방법은 롤모델을 찾는 것이다. 축구선수가 되고 싶다는 아이에게는 박지성의 멋진 플레이를, 제2의 김연아를 꿈꾸는 학생에게는 아이스쇼 정도는 보여줘야 한다. 엄마가 백 번 말하는 것보다 아이들이 꿈의 무대를 직접 눈으로 확인하는 게 훨씬 낫다. 롤모델을 찾는 일은 독서를 통해서도 가능하다. 과거와 달리 요즘 위인전에는 워런 버핏, 스티븐 호킹, 오프라 윈프리, 힐러리 클린턴, 미야자키 하야오 등 언론에 자주 등장하는 친근한 인물들이 많이 포함되어 있다.

공부방 벽면에 아이가 닮고 싶어 하는 인물의 사진을 걸어두거나 휴대전화기의 바탕화면을 롤모델의 얼굴로 지정해둔다면 이는 아이에게 끊임없이 공부할 수 있는 에너지원이 될 것이다. '박지성 선수는 어릴 적부터 축구 일지를 썼지. 나도 오늘부터 축구 일지를 작성해봐야겠다'라며 스스로 발전하는 방향을 찾게 된다.

떨어지는 별똥별에 소원을 빌면 그 소원이 이뤄진다고 말을 한다. 별똥별이 반짝이는 찰나의 순간 거침없이 소원을 말할 수 있는 사람이라면, 평소에도 끊임없이 자신의 꿈을 생각하고 있는 사람이다. 꿈도, 소원도, 염원도 없는 사람 앞에 별똥별이 떨어지면 열에 아홉은 '아, 어떤 소원을 빌지? 내 소원이 뭐지?'라고 생각만 하다가 별똥별을 놓쳐버릴 게 뻔하다. 어영부영, 우물쭈물 망설이는 사이 별똥별은 흔적도 없이 사라지는 것이다. 많은 동기부여 전문가가 큰 꿈, 구체적인 꿈, 항상 생각하는 꿈, 종이에 기록해놓은 꿈, 시각화된 꿈이 이루어질 가능성이 높다고 입을 모은다. 아이가 아나운서를 꿈꾼다면 방송국을, 화가를 꿈꾼다면 미술관을 찾아가 아이의 꿈을 시각화, 구체화 시켜주자.

숨은 아이의
적성 발견하기

강남의 학부모가 변하고 있다. 과거에는 자녀교육의 목표를 명문대 입학으로 삼았다면 이제는 대

[표 23] 진로 설정에 유용한 스마트폰 애플리케이션

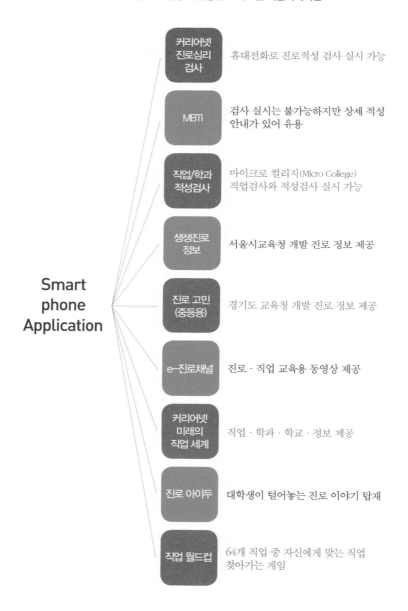

커리어넷 진로심리 검사 — 휴대전화로 진로적성 검사 실시 가능

MBTI — 검사 실시는 불가능하지만 상세 적성 안내가 있어 유용

직업/학과 적성검사 — 마이크로 컬리지(Micro College) 직업검사와 적성검사 실시 가능

생생진로 정보 — 서울시교육청 개발 진로 정보 제공

Smart phone Application

진로 고민 (중등용) — 경기도 교육청 개발 진로 정보 제공

e—진로채널 — 진로 · 직업 교육용 동영상 제공

커리어넷 미래의 직업 세계 — 직업 · 학과 · 학교 · 정보 제공

진로 아이두 — 대학생이 털어놓는 진로 이야기 탑재

직업 월드컵 — 64개 직업 중 자신에게 맞는 직업 찾아가는 게임

입을 넘어 아이들의 직업을 구체적으로 고민하는 수준에 이르렀다. 얼마 전 30대 초반의 젊은 엄마가 상담실을 찾아왔다.

"우리 아들을 의사로 만들어야 하는데 의대에 진학하려면 무엇부터 준비해야 하나요?"

"아이가 의사가 되고 싶어 하나요?"

"아니요. 그냥 가족들이 모두 원하네요."

이 엄마의 사연은 이렇다. 친할아버지가 온갖 역경을 딛고 개인병원을 번듯하게 키워놓았는데, 안타깝게도 아들 삼형제 중단 한 사람도 의사가 되지 못했다. 삼형제가 의사를 거부한 게 아니라 노력은 했으나 성적이 좋지 않아 의사가 되지 못한 안타까운 경우다. 그러니 자기 아들이라도 의사가 되어야 한다는 것이다.

지인 중 유명 대학병원의 의사가 있다. 그분에게는 두 명의 딸이 있는데 신기하게도 두 딸 모두 일본에서 의학이 아닌 요리를 공부한다. 아버지가 한식당을 운영하는 것도 아닌데 요리사를 준비하는 딸들이라니, 강남의 여느 가정과는 분명 다른 패턴이다.

"우리 부부가 모두 의사잖아. 한 사람이라도 아이들 교육에 신경을 썼어야 하는데, 워낙 일이 바쁘다보니 아무래도 아이들 공부에 소홀했을 수밖에… 에잇, 죽어라 공부하면 뭐하누. 비가 오나 눈이 오나 바람이 부나 허구한 날 진료실에 앉아 아픈 사

람들만 봐야 하는데. 그냥 청담동에 근사한 일식집 하나 만들어
주는 게 꿈이야. 안 그래도 요즘 텔레비전에 멋지고 유명한 쉐프
들 많이 나오던데. 남자인 내가 봐도 참 멋있더라고."

그래도 다행인 것은 두 딸 모두 요리에 재능이 있다는 사실이
다. 의사는 아니지만 자신의 적성에 맞는 일을 찾은 것이다.

나는 앞서 자녀교육의 목표가 역량 있는 일꾼을 만드는 데 있
다고 말한 바 있다. 부모라면 반드시 아이의 적성을 파악하고,
아이가 원하는 직업을 가질 수 있도록 도와줘야 한다. 그렇다면
숨어 있는 내 아이의 적성, 어떻게 발견할 수 있을까?

다양한 환경에 노출하고
새로운 경험을 제공하라
큰아이가 초등학생 시절 친하게 지내
던 이웃이 있었다. 남편은 의사, 부인은 전직 약사였는데 그 집
은 항상 애완동물을 길렀다. 도시에서는 보기 힘든 장수풍뎅이
를 비싼 값에 사서 키우기도 했고, 거실 한복판에서 키우던 거북
이가 어느 날 사라져버려 한바탕 소동이 일기도 했다.

당시에는 '손도 많이 가는 귀찮은 동물들을 왜 키우지?'라며
다소 의아해했는데 돌이켜 생각해보면 나의 무지 때문에 우리

[표 24] 직업적성검사의 적성영역과 관련 대표 직업 1

신체. 운동능력

기초 체력을 바탕으로
효율적으로 몸을 움직이고
동작을 학습할 수 있는 능력

대표직업 : 운동선수, 경찰관, 무용가,
버스운전기사, 곡식작물재배자

손 재능

손으로 정교한 작업을
할 수 있는 능력

대표직업 : 미용사, 제과사 및 제빵사,
패션디자이너, 용접원

공간. 시각능력

머릿속으로 그림을 그리며
생각할 수 있는 능력

대표직업 : 비행기조종사, 프로게이머,
건축공학기술자, 조각가, 사진작가

창의력

새롭고 독특한 방식으로
문제를 해결하고,
아이디어를 내는 능력

대표직업 : 시각디자이너, 소설가,
영화감독, 개그맨

음악능력

노래 부르고 악기를 연주하며,
감상할 수 있는 능력

대표직업 : 가수, 작곡가, 악기제조원

[표 25] 직업적성검사의 적성영역과 관련 대표 직업 2

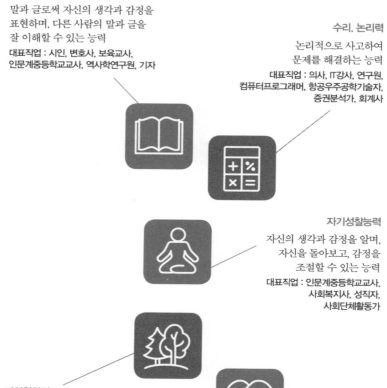

언어능력

말과 글로써 자신의 생각과 감정을
표현하며, 다른 사람의 말과 글을
잘 이해할 수 있는 능력

**대표직업 : 시인, 변호사, 보육교사,
인문계중등학교교사, 역사학연구원, 기자**

수리, 논리력

논리적으로 사고하여
문제를 해결하는 능력

**대표직업 : 의사, IT강사, 연구원,
컴퓨터프로그래머, 항공우주공학기술자,
증권분석가, 회계사**

자기성찰능력

자신의 생각과 감정을 알며,
자신을 돌아보고, 감정을
조절할 수 있는 능력

**대표직업 : 인문계중등학교교사,
사회복지사, 성직자,
사회단체활동가**

자연친화력

인간과 자연이 서로 연관되어
있음을 이해하며, 자연에 대하여
관심을 가지고 탐구,
보호할 수 있는 능력

**대표직업 : 동물조련사, 농업기술자,
채소 및 특용작물 재배자**

대인관계능력

다른 사람과 더불어 살아가는 능력

**대표직업 : 간호사, 유치원교사, 상담전문가,
비행기승무원, 자동차 영업원,
연예인매니저, 경영컨설턴트**

아이들은 둘 다 문과가 되어버린 듯싶다. 엄마가 도통 자연, 특히 생물에 관심이 없으니 아이들이 뭘 보고 자랐겠는가. 그 집은 엄마 아빠가 둘 다 이과 출신이었으니 우리 집보다는 훨씬 더 많은 이과적 경험을 제공했을 것이다. 여기서 내가 말하는 이과적 경험이란 동물을 돌보거나 보살피는 등의 감성적 경험이 아닌 생태와 행동 특성에 관한 과학적 경험을 의미한다.

요즘 엄마들이 좋아하는 단어가 있다. 바로 '적성'이다. 적성의 사전적 의미는 '어떤 일에 알맞은 성질이나 적응 능력, 또는 그와 같은 소질이나 성격'이다. 엄마들은 입시를 앞두고 학교나 학과를 선택할 때 반드시 적성을 고려해야 한다고 생각한다. 이를 위해 일찌감치 아이를 데리고 적성검사 기관을 찾아 나서기도 한다.

군이 적성검사 기관을 찾지 않더라도 한국직업능력개발원이 운영하는 커리어넷을 이용하면 손쉽게 그 결과를 알 수 있다. 적성검사에 필요한 시간은 대략 20분 정도인데, 신체운동능력, 손재능, 공간·시각능력, 음악능력, 창의력, 언어능력, 수리·논리력, 자기성찰능력, 대인관계능력, 자연 친화력 등 총 10개의 항목과 59개의 문항으로 이루어져 있다.

아이가 평소 관심을 갖고 있는 분야나, 관련 경험이 많은 항목에 높은 점수가 나올 확률이 높다. 예를 들어 운동을 좋아하여 주말마다 친구들과 농구를 즐기는 학생은 신체·운동능력과 대인 관계 능력 점수가 높게 나올 것이고, 수학을 좋아하고 사색을 즐기는 학생은 수리·논리력과 창의력 점수가 높게 나올 것이다.

집에서 장수풍뎅이와 거북이를 키운다면 이를 경험해보지 못한 아이들보다 자연 친화력에서 점수가 높게 나오는 게 당연하다. 집안 환경이나 부모의 직업 또는 관심사가 자녀의 적성에 영향을 끼치는 셈이다. 부모가 좋아하는 것, 부모가 익숙한 것에서 벗어나 다양한 환경에 노출하고 새로운 경험을 제공하자. 365일 집안에만 앉혀두고서 "너는 왜 이렇게 좋아하는 게 없니?"라고 말하는 건 그야말로 어불성설이다. 고기도 먹어본 사람이 맛을 안다고 다양한 경험을 해본 아이만이 자신이 진정으로 좋아하는 일을 찾을 수 있게 된다.

아이가 자신의 적성에 맞는 직업을 찾기를 바란다면 그 누구보다 다양한 세상을 경험하게 하자. 그리고 성적이 아닌 적성에 맞는 학과에 지원할 수 있도록 공부 환경에 신경을 쓰자. 그것이 바로 오늘보다 내일이 더 행복한 아이를 만들기 위한 가치 있는 투자가 아닐까 한다. 공부는 '그냥 하는 게' 아니라 '되게 하는 것'이다.

CHAPTER 5

공부는 '그냥 하는 게' 아니라 '되게 하는 것'이다

영어 실력의 격차가
신분의 격차를 만든다
_ 영어교육 편

경제용어 중에 영어 격차(English Divide)라는 말이 있습니다. 부모의 경제력이
자녀의 영어 격차를 만들어내고, 영어 실력의 격차가 신분의 격차로 이어져
부의 격차를 만들어낸다는 말입니다. 실제로 인도에서는 영어를 제대로 구사
하는 1억 명과 그렇지 못한 10억 명의 직업이 극명하게 갈린다고 합니다. 당
연히 경제적인 상황도 정반대에 놓이게 됩니다.

Q. 영어 유치원은 기본이고 한자에 음악, 미술 수업까지 받는 아이들이 적지 않더군요. 아이를 너무 방치하는 것은 아닌지 불안감이 밀려오는 게 사실입니다. 미취학 아동교육의 경우 어떤 점에 초점을 맞춰야 할까요?

A. 전반적인 입시의 흐름을 알면 자녀교육의 올바른 방향 설정과 속도 조절이 가능해집니다. 아무리 부모가 욕심이 많아도 자녀의 능력을 넘어설 수는 없습니다. 자녀의 발달 단계와 인지능력을 고려하여 교육하는 게 좋습니다. 다만 그 나이에 반드시 했으면 하는 몇 가지가 있습니다.

먼저 어릴 적부터 독서하는 습관과 주변을 정리하는 습관을 키우는 것입니다. 아이가 아침에 자리에서 일어나 '오늘 무슨 책을 읽어야지, 어젯밤에 어디까지 읽었는데 그다음이 궁금하다'

라는 마음을 먹게 되면 "책 좀 읽으라"는 부모의 잔소리는 필요 없어집니다.

학습 면에서도 연령을 고려한 접근이 필요합니다. 아이가 영특하다고 나이에 맞지 않게 어려운 내용을 시키면 아이는 이내 공부에 대한 관심을 잃어버립니다. 공부는 내공입니다. 내공을 쌓기 위해서는 오랜 시간이 필요합니다. 계단식으로 차곡차곡 쌓다 보면 분명히 좋은 대학에 가고 원하는 직업을 가질 수 있을 것입니다.

Q. 방학을 이용해 국내 영어캠프에 보내려고 합니다. 영어권 국가로 단기 유학을 보내면 좋겠지만 어린아이를 혼자 외국으로 내보내는 게 마음에 걸립니다. 그래서 국내 영어캠프를 선택했는데 아이의 영어 공부에 도움이 될까요?

A. 경제용어 중에 영어 격차English Divide라는 말이 있습니다. 부모의 경제력이 자녀의 영어 격차를 만들어내고, 영어 실력의 격차가 신분의 격차로 이어져 부의 격차를 만들어낸다는 말입니다.

실제로 인도에서는 영어를 제대로 구사하는 1억 명과 그렇지 못한 10억 명의 직업이 극명하게 갈린다고 합니다. 당연히 경제적인 상황도 정반대에 놓이게 됩니다. 현재 우리 사회에서도 영어 구사 능력은 취업의 필수 조건입니다. 국내에서 일한다고 해도 영어로 이메일을 작성하는 일이 빈번하여, 영어를 제대로 구사하지 못하면 제 능력을 인정받기 어려운 현실입니다.

입시도 마찬가지입니다. 수능 영어는 2018학년도부터 절대평가로 전환됩니다. 90점 이상이면 1등급을 받게 되는데 기존의 상대평가에서 1~3등급을 받던 학생들이 모두 1등급을 받는 상황이 올 것입니다. 문제는 여기서 시작합니다. 우리 아이가 영어를 곧잘 하는데 준비가 소홀해 2등급을 받는다면 사실상 명문대 입학은 어려워지게 됩니다.

일부 어머님들은 영어가 절대평가로 전환되면 시험이 쉬울 거라고 생각하지만, 그것은 잘못된 생각입니다. 절대평가와 상대평가는 결코 쉬운 시험과 어려운 시험의 구분이 아닙니다. 수능 영어가 절대평가로 전환되면 영어를 잘하는 상위권 학생들은 안정적으로 1등급을 만들어놓은 다음에 수학, 국어, 탐구과목을 더 열심히 공부할 것입니다. 교육부에서는 쉬운 수능을 기조로 하지만 2017학년도 수능은 불수능이었습니다. 과목당 만점 비율이 1퍼센트를 넘는 과목이 없었으니까요.

영어 실력을 미리 만들어놓으면 타 과목 공부를 더 할 수 있기에 강남에서는 '영어는 미리 공부하자'라는 생각이 지배적입니다. 강남의 영어 교육 인프라는 지방 도시보다 잘 갖춰져 있습니다. 영어 유치원은 물론 원어민 강사진을 갖춘 전문 학원의 수도 상당하고 무엇보다 영어를 원어민처럼 사용하는 부모들도 많으니까요.

이런 상황에서 영어 교육에 대해 고민하지 않을 엄마는 없을 것입니다. 자신은 영어를 못해도 큰 어려움이 없었지만 아이들이 살아갈 글로벌 시대는 또 다르니까 말입니다. 상황이 이렇다 보니 조기유학이나 단기연수가 여의치 않은 경우 영어 캠프에 보내려는 엄마들이 많은데, 무엇보다 목적이 명확해야합니다. 외국인과 몇 마디 나누는 게 도움이 된다고 생각해 영어 캠프에 보내는 것인지, 그동안 배웠던 영어를 현장에서 한번 사용해보라고 보내는 것인지, 그저 영어 공부를 열심히 하라고 보내는 것인지 목적을 생각해보시기 바랍니다.

영어캠프에서 다양한 경험을 하고 새로운 친구를 사귀는 것은 분명 매력적인 일이지만, 영어캠프의 비용이 만만치 않습니다. 단순히 영어 공부를 목적으로 한다면 비용 대비 효율성은 떨어집니다. 저는 차라리 그 돈으로 가족과의 해외여행을 권합니다. 단 며칠이라도 해외에 다녀온 뒤 스스로 영어 공부를 시작하는 아이가 많습니다. 패스트푸드점에서 햄버거 하나 제대로 시키지 못하는 자기 모습이 부끄럽기 때문이지요.

아이가 진지하게 영어 공부를 원한다면 1년 정도 유학을 보내는 것도 방법입니다. 단 이때는 1년 후 한국으로 돌아온다는 전제하에 수학 공부가 선행되어야 합니다.

Q. 초등학교 2학년 남아를 둔 30대 여성입니다. 영어 유치원부터 시작해서 지금도 영어 학원에 보내고 있는데 한계를 느껴 조기유학을 결심했습니다. 그런데 주변의 만류가 심하여 고민입니다. 조기유학의 장단점이 궁금합니다.

A. 제가 살면서 가장 잘한 일 중의 하나가 바로 자녀와 함께 조기유학을 다녀온 것입니다. 물론 잃은 것도 있지만 결론적으로 평생 쓸 영어 자산을 만들었다는 사실은 분명합니다. 유학의 장점은 영어 체득과 글로벌 체험이고, 단점은 고비용과 수학 공부의 공백을 들 수 있습니다. 따라서 철저한 준비가 필요합니다.

조기유학은 엄마들에게 많은 생각을 요구합니다. 몇 년을 갈 것인지, 다시 돌아올 것인지, 대학은 한국에서 보낼 것인지, 비용은 어떻게 감당할 것인지, 남편과 떨어져 산다면 그 문제는 어떻게 해결할 것인지 등 고려해야 할 부분이 한두 개가 아닙니다.

그중 가장 중요한 것은 바로 '학습의 공백기'입니다. 연예인들도 드라마 또는 앨범 활동이 끝나면 잠시 공백기를 가지는데, 이때 가장 두려운 것이 대중에게 잊히는 것이라고 합니다. 눈에 보이지 않으니 사람들의 관심에서 멀어지는 것이지요. 공부도 마찬가지입니다. 특히 조기유학을 떠나면 영어 공부에 올인하느라 기본적인 학습을 잊게 됩니다. 현지에서 선생님의 말도 알아듣지 못하는데 어떻게 수학 공부가 가능하겠습니까. 우리와 교과 과정도 다르니 자연스레 학습의 공백기가 옵니다.

초등학교 때 영어권 국가로 단기유학을 다녀오는 학생들에게는 반드시 공백기를 메울 수 있는 시간이 필요합니다. 중학생이라도 실력이 하위권이면 초등학교 교과 과정부터 복습해야 합니다. 기초 공사를 튼튼히 하지 않으면 어떤 집도 지어 올릴 수 없습니다.

초등학교 2학년의 아이를 두셨다고요? 초등학교 2학년은 고급 한국어를 배우는 시기이기 때문에 국어와 한자 실력도 중요합니다. 여러 상황을 고려할 때 자녀의 유학 시기는 초등학교 3학년 2학기가 좋겠습니다. 아직 시간이 남아 있으니 국, 영, 수 공부를 철저히 지도하기 바랍니다. 그래야 외국에서 수월하게 공부할 수 있고, 귀국 후 한국 학교에 잘 적응할 수 있습니다.

Q. 얼마 전 아이를 영어 유치원에 보내고 영어 동화책도 사주었습니다. 영어는 어릴 때 잡아줘야 한다고 해서 집에서도 공부를 시키려고 하는데요. 영어 동화책을 펼쳐줘도 그림만 보고, 교재를 틀어줘도 듣는 둥 마는 둥 합니다.

A. 영어 듣기는 유치원생부터 가능합니다. 다만 한국어를 또박

또박 말하고 본인의 생각을 표현하는 아이가 학습효과도 좋습니다. 우리말로 종알종알 이야기를 잘하는 아이들이 영어도 재미있어 합니다. 또래보다 한국어 실력이 부족하면 영어 공부도 어렵다는 이야기입니다.

엄마가 영어 공부를 가르치기 위해서는 가장 먼저 교재 구입에 신경을 써야 합니다. 서점에 가서 아이가 흥미를 보이는 교재를 찾아보세요. 엄마 욕심에 너무 어려운 교재를 구입하면 아이가 바로 싫증을 내니, 조금 쉬운 단계의 교재를 구입하는 게 좋습니다. 영어 공부를 시작하면서 시리즈물 전체를 사들이는 경우가 있는데, 이는 욕심입니다. 처음에는 단 두세 권만 구매하는 게 바람직합니다.

교재를 구입했으면 이제 영어 동화 듣는 방법을 알아보겠습니다. 일반적으로 하루 30분 정도 꾸준히 영어 동화를 들으면 아이의 듣기 능력이 좋아집니다. 이때 음악처럼 종일 영어교재를 들려주는 집이 있는데, 이보다는 가능한 정해진 시간(매일 오후 3시 혹은 잠자기 전 9시)에 책상에 앉아 바른 자세로 듣는 것이 효과적입니다.

학원으로 이동하는 시간이나 여행길 자동차 안에서 영어교재를 들려주는 경우가 많은데, 이 시간에는 엄마와 밀린 이야기를 하거나 아이가 주변 풍경을 볼 수 있도록 하는 게 좋습니다. 아이에게도 휴식이 필요하고 무엇보다 엄마와의 정서적 교류가 중요하기 때문입니다. 단, 30분 이상 자동차로 통학하는 경우는 예외입니다. 이때는 등하교 시 정기적으로 동화책을 듣는 게 효과적입니다.

의욕이 앞서 동화를 듣기 전에 단어 공부를 먼저 시키는 경우가 있는데, 공부에 대한 재미를 반감시키는 것은 물론 영어 자체에 거부감을 갖게 할 수 있습니다. 동화를 먼저 들려주고 모르는 단어를 함께 찾아보는 게 좋습니다. 이런 습관을 들이면 아이들도 요령이 생겨서 동화를 듣다가 모르는 단어는 일단 표시해놓고 나머지 단어로 전체 내용을 유추하게 됩니다. 자연스레 독해 능력이 길러지는 것입니다. 만일 동화책 읽기에 앞서 단어 공부를 먼저 하겠다는 아이라면 굳이 말리지 않아도 됩니다. 아이가 단어를 알면 이야기를 쉽게 알아듣는다는 것을 알고 있으니까 말이죠.

어느 정도 반복해서 듣다 보면 점차 아이가 이해하는 양이 많아집니다. 나중에는 내용 전체를 암기하여 자연스럽게 따라할 수 있는데, 부모 앞에서 마치 연극을 하듯이 영어 실력을 뽐내면 충분히 칭찬해주어야 합니다.

Q. 몇 달 전부터 영어 동화로 공부를 시작했습니다. 슬슬 아이가 재미

를 느끼는 것 같은데요. 주변 엄마들 말로는 이때가 기회라고 하더군요. 무엇을 어떻게 도와줘야 공부에 탄력을 받을 수 있을까요?

A. 아이가 영어 동화를 자주 듣다 보면 단어에 익숙해져서 흥미를 갖게 됩니다. 뭐든 아는 만큼 보이고 보이는 만큼 들리는 법이니까요. 동화 테이프에는 책이 함께 들어 있는 게 많습니다. 앞서 가능한 정해진 시간에 영어 동화를 들려주라고 말씀드렸는데요. 이때 엄마가 옆에서 책을 펼쳐놓고 간단한 문법이나 글의 구조를 설명하면 이해가 훨씬 빨라집니다. 단, 문법 공부는 본문에 있는 내용만 해야 합니다. 엄마의 욕심에 문법책의 명사 부분부터 시작하면 재미없고 지루한 공부가 됩니다. 기초공사라고 생각하고 시간과 정성을 들일 필요가 있습니다.

일정 시간이 지나면 아이들은 원어민의 목소리와 자신의 목소리에 차이가 있음을 알게 됩니다. 자연스럽게 원어민의 발음에 가까워지도록 노력하게 되지요. 이때 원어민 선생님과 수업을 하거나 전화영어를 추가하면 공부에 탄력을 받을 수 있습니다.

테이프는 반복해서 듣는 게 효과적이지만 책은 다독이 중요합니다. 수준에 맞는 책을 많이 읽게 해주세요. 마지막으로 아이의 영어 실력이 좋아지면 영어 말하기 소모임에 참석시키거나 영어 말하기, 영어 토론, 영어 글쓰기 같은 대회에 참가시키는 것도 좋습니다. 외국어 공부는 자신감이 가장 중요한 요소이므로 많은 경험이 필요합니다.

Q. 아이가 영어유치원을 다니고 있습니다. 영어도 좋아하고요. 문제는 한글입니다. 도통 한글을 배우려 하지 않습니다. 내년에 학교에 가야 하는데 아직 한글을 쓰지 못합니다. 어떻게 해야 하나요?

A. 혹시 아이가 영어가 한국어보다 우월하다고 느끼지는 않는 지요? 영어를 가르칠 때 아이가 한국어로 말하면 야단치지는 않았는지요? 만일 그런 경험이 있었다면 그 마음부터 풀어줘야 할 것 같습니다. 대한민국에 살면 영어를 아무리 잘해도 우리말이 서툴다는 이유로 불이익을 받을 수 있습니다. 모국어를 잘하고 영어도 잘해야 유능한 한국인으로 인정받습니다. 곧 초등학교에 입학한다고 하는데 만일 한글을 제대로 쓰지 못한다면 학교생활의 어려움을 느낄 것입니다. 당장 알림장도 써야 하니까요. 아이에게 먼저 영어를 잘한다고 칭찬해주시고 우리말의 필요성도 강조해주세요. 바른 우리말을 사용했을 때 칭찬을 많이 해주세요. 집에서 아이와 소통할 때 쪽지를 사용하는 것도 방법입니다. "아들, 오늘 반찬 뭐 해줄까?" "엄마, 오늘은 돈가스를 먹고 싶어요." 이렇게 재미삼아 해보면 아이는 우리말의 필요성도 느끼고 자신감도 가질 것입니다.

Q. 다섯 살부터 일곱 살까지 영어유치원을 다녔습니다. 영어를 좋아하고 잘하는 편이라 생각합니다. 초등학교에 입학해서도 영어학원을 계속 다녀야 하는지요? 수학학원에 주 3회씩 가려면 시간이 부족하고 경제적으로 부담이 돼서요.

A. 3년 동안 영어유치원을 다녔군요. 어머님이 보시기에 영어를 잘하는 모습이 대견스러울 것입니다. 개인적 경험을 말씀드리면 전 아이들 어릴 적에 영어학원을 보내지 않았습니다. 그렇다고 영어 공부를 안 시킨 것은 아닙니다. 매일 30분 이상 영어동화책을 읽게 했고, 잠자기 전에는 스토리텔링 영어 테이프를 꼭 듣게 했습니다. 일주일에 한 번은 엄마와 함께 자막 없는 만화 혹은 영화를 반복해서 시청했습니다. 초1에서 초2까지는 잡지 형식으로 간단하게 글을 쓰게 했으며 3학년 무렵에는 원어민 강사를 초빙해 팀 수업을 진행했습니다. 간단한 에세이 쓰기 수업이었습니다. 만일에 이런 엄마표 수업이 힘드시다면 주 2회 정도는 영어학원에 보냈으면 합니다. 만일 영어공부를 중단하면 비싼 영어유치원에서 배운 실력이 없어질 수도 있으니까요. 단 하루에 많은 양의 단어를 외우게 하는 학원보다 독해 중심의 학원에 보내주세요. 초등 저학년은 문법 공부도, 토플 공부도 불가능한 시기입니다.

아이의 미루는 습관
바로잡기

_ 생활습관 편

미루는 습관이 있는 아이라면 더더욱 엄마주도학습이 필요합니다. 저는 아이들이 다섯 살부터 '학습지 4장 풀기, 동화책 반 권 읽기, 한자 10개 쓰기, 영어단어 10개 외우기' 등 '오늘 공부할 양'을 구체적으로 정해주고 반드시 그날 확인했습니다. 아이가 공부를 마치면 엄마가 확인했다는 증거로 사인을 남겼습니다. 만일 그날 공부할 양이 밀리면 반드시 주말에 다하게 만들었습니다. 이러한 과정을 통해 아이는 자연스럽게 오늘 공부량을 오늘 해결하지 못하면 본인이 힘들어진다는 사실을 알게 됩니다.

Q. 아이가 스마트폰에 빠져서 정신을 차리지 못합니다. 혼도 내보고 달래도 보고, 빼앗아도 봤는데 도무지 나아질 기미가 보이지 않습니다. 이미 중독 수준에 들어선 것 같은데, 어떻게 하는 게 좋을까요?

A. 앞서 말씀드린 것처럼 학습을 방해하는 모든 것을 저는 몬스터라고 합니다. 그중 가장 대표적인 것이 바로 스마트폰입니다. 대원군의 쇄국정책처럼 무조건 막을 수 있는 것도 아니어서 엄마들의 속은 한없이 타들어가지요. 아예 못 하게 할 수는 없으니 피해를 줄이기 위한 현명한 전략이 필요합니다. 스마트폰을 구매하기 전이라면 구매 시기를 기말고사 이후로 정합니다. 가장 적절한 구매 시기는 방학 시작 무렵입니다. 스마트폰의 다양한 기능을 익히기 위해서는 많은 시간이 필요하기 때문입니다.

"엄마, 시험 잘 볼 테니 스마트폰 사주세요."

행여 자녀가 성적을 미끼로 거래를 시도하면 반드시 거절하세요. 아이를 독려하기 위해 당근으로 사준 휴대전화기가 공부를 방해하는 거대한 몬스터로 바뀌는 건 순식간입니다.

이미 스마트폰을 가지고 있는 아이라면 자녀의 방 앞에 작은 바구니를 하나 놓아둡니다. 방으로 들어가기 전에 스마트폰, MP3, PMP 등을 스스로 바구니에 넣었다가 공부가 끝나면 자유롭게 사용하게 합니다. 처음에는 자녀가 거부할 수 있지만 공부의 효율성을 몸소 느끼면 알아서 약속을 지키게 될 것입니다.

Q. 집에서는 활발하고 말도 잘하는데, 밖에만 나가면 숫기가 없어져요. 현대 사회에서 말 못하는 사람이 환영받을 리 없고 무엇보다 면접도 중요하잖아요. 밖에서 말을 잘 못하는 아이, 무엇이 문제일까요?

A. 자녀의 상황과 기질에 따라 다릅니다. 선천적으로 내성적인 성향의 아이일 수도 있고, 아니면 집안에서 인정을 받지 못해 자신감이 없는 상태일 수도 있습니다. 오늘은 후자에 대해 말씀드리려 합니다. 평소 집안에서 충분한 격려와 칭찬을 받지 못한 자녀들은 자신감과 자존감이 거의 없다고 봐도 무방합니다. 항상 주변의 눈치를 보며 실수하지 않을까, 꾸중 듣지 않을까 전전긍긍합니다. 이런 상황에서 타인과의 소통이 어려운 것은 어찌 보면 당연한 일입니다. 지나치게 완벽함을 추구하는 성향이라면

타인 앞에서 실수할까 두려워 자신의 행동을 자제할 수도 있습니다. 사춘기 자녀들은 특히 감정의 변화가 심합니다. 날씨처럼 시시때때로 변하는 아이의 마음을 이해하기가 쉽지 않은 게 사실이지만, 이는 지나가는 바람처럼 일시적 현상이므로 크게 걱정할 필요는 없습니다.

다만 '소통 능력'은 매우 중요하므로 어린 시절부터 말하는 기회를 많이 만들어주시기 바랍니다. 자녀가 이야기할 때 말대꾸한다고, 혹은 반대로 아이의 말이 느리거나 논리적이지 못하다는 이유로 지적하고 윽박지르면 스피치 능력은 점점 떨어집니다. 엄마가 아이의 이야기에 적극적으로 공감하는 모습만 보여도 아이의 스피치 능력은 지금보다 훨씬 좋아질 것입니다.

Q. 언제부터인가 아이가 입만 열면 거짓말을 합니다. 얼마 전에는 컴퓨터를 고장 내고도 모르는 일이라며 발뺌하더군요. 양치도 하지 않았으면서 이를 닦았다고 우기고, 학습지는 열어보지도 않았으면서 다 풀었다고 이야기합니다. 거짓말이 입에 붙은 것 같아 걱정입니다.

A. 먼저 아이가 거짓말을 하는 이유에 대해 생각해보시기 바랍니다. '왜 우리 아이가 거짓말을 할까? 내가 아이에게 거짓을 요구했나? 아니면 아이가 거짓말해서 이익을 본 적이 있나?' 아이가 거짓말했을 때의 상황을 돌이켜보면 왜 그랬는지에 대한 답

이 나올 것입니다. 예를 들어, 세수나 양치질을 했다는 거짓말이나 장난감을 고장 낸 후 자기가 그러지 않았다는 거짓말은 면피용 거짓말입니다. 이런 경우는 질책과 꾸중보다는 아이의 마음을 이해해주는 게 먼저겠지요.

낮에 조부모가 돌봐주거나 조부모와 함께 사는 아이들은 특히 주의해야 합니다. 할아버지, 할머니 입장에서야 아이의 작은 입에서 나오는 앙증맞은 거짓말이 귀여울 수 있습니다. 그래서 아이의 잘못된 행동을 묵인하는 것은 다반사요, 오히려 그 행동을 부추기기도 합니다. "잘한다, 잘한다"라면서 말이죠.

아이들의 거짓말에는 일정한 패턴이 있습니다. 잘못을 덮기 위한 면피용 거짓말, 부모의 관심을 끌기 위한 거짓말, 자신의 소망을 넌지시 내비치는 거짓말 등이 바로 그것입니다. 면피용 거짓말이라면 단호하게 잘못을 지적하고 아이와 합의해 규정을 만듭니다. "무조건 해!"가 아니라 충분한 대화와 협의를 통한 규정이 필요합니다. 관심을 끌기 위한 거짓말이라면 아이의 마음을 읽고 아이와 함께하는 시간을 늘려야 합니다. 소망을 내비치는 거짓말이라면 이를 이룰 수 있도록 도와줘야겠지요. 가끔 자신의 상상 속 이야기를 입 밖으로 내뱉는 경우가 있는데, 이는 거짓말이라기보다는 호기심이 많은 것이니 크게 걱정할 필요 없습니다.

Q. 초등학교 3학년 딸아이가 공부는 뒷전이고 아이돌 가수에 빠져 살아요. 팬클럽 활동까지 시작해 온종일 아이돌 기사만 보고 있습니다.

A. 요즘 아이들은 부모 생일은 몰라도 좋아하는 가수의 생일은 기억합니다. 시험 공부보다 방송국 음악프로그램 견학이 먼저라는 아이도 있습니다. 미디어의 발달로 이러한 현상이 어린아이에게까지 번져가고 있으니 답답한 마음이 드는 것도 사실입니다. 우리도 어린 시절 좋아하는 연예인이 있었지만 이는 일종의 짝사랑, 풋사랑 같은 것이었지 지금의 사생팬 수준은 결코 아니었으니까요.

하지만 아이의 행동이 지나치다고 해서 '절대 금지'만이 방법은 아닙니다. 좋아하는 연예인의 사진을 찢어버리고, 물건들을 버린다고 엄마의 말을 듣지는 않습니다. 오히려 부모가 자신의 마음을 이해해주지 않는다며 엇나갈 가능성이 높습니다. 이럴 때는 대화를 통한 약속이 유효합니다. "네가 좋아하는 아이돌 스타를 인정할 테니 학생으로서 해야 할 일은 반드시 해라" "콘서트에 보내줄 테니 학교 숙제는 꼭 하자" 등 구체적인 약속이 필요합니다. 앞서 아이와 거래하지 말라고 말씀드렸는데, 모든 일이 그렇듯 자녀와의 거래에도 예외가 있습니다. 지금은 아이와 현명한 거래가 필요한 시점입니다.

Q. 아이의 미루는 습관 때문에 매일 전쟁을 치르고 있습니다. 숙제와 공부는 물론 약속마저 미루기 일쑤입니다. 아이에게 올바른 습관을 들일 방법을 알려주세요.

A. 이것이 바로 엄마주도학습이 필요한 이유입니다. 앞서 말씀드린 바와 같이 저는 아이들이 다섯 살부터 '학습지 4장 풀기, 동화책 반 권 읽기, 한자 10개 쓰기, 영어단어 10개 외우기' 등 '오늘 공부할 양'을 구체적으로 정해주고 반드시 그날 확인했습니다. 아이가 공부를 마치면 엄마가 확인했다는 증거로 사인을 남겼습니다. 그날 공부할 양이 밀리면 반드시 주말에 다하게 만들었습니다. 자연스럽게 아이는 공부량을 오늘 해결하지 못하면 주말에 힘들어진다는 사실을 알게 됩니다.

보통 엄마들은 아이가 하루에 몇 시간 공부하느냐에 관심을 두기 때문에 책상에 오래 앉아 있으면 대견해합니다. 하지만 아이들은 말 그대로 책상에 앉아만 있을 뿐입니다. 오늘 반드시 공부해야 할 이유가 없기 때문입니다. 아이에게 하루 공부량을 정해주고 이를 다 하면 자유 시간을 허락해주십시오. 아이의 노력을 인정하고 적절한 보상으로 동기를 유발하십시오.

이때 주의할 것이 하나 있습니다. 엄마의 생각보다 공부가 빨리 끝났다고 갑자기 공부의 양을 늘리면 안 됩니다. 아이는 늘어날 학습량이 무서워 시간만 죽이며 책상에 앉아 있게 됩니다.

아이가 공부를 제대로 한 것인지 궁금하다면 수학은 채점으로, 국어는 질문으로 확인해봅니다. 엄마가 주도해 아이에게 바른 습관을 들이면 어느 순간 진정한 자기주도학습이 가능해질 것입니다.

Q. 다섯 살 여아 엄마입니다. 아이가 도통 정리를 못합니다. 유치원에 다녀와서도 옷, 가방을 아무 데나 던져놓습니다. 아침에 가방 찾느라 셔틀버스를 놓칠 때도 있습니다. 아이 방은 장난감, 책으로 난장판입니다. 제가 정리해줘도 다음 날이면 또 그대로입니다. 좋은 방법이 없을까요?

A. '정리'는 유아기 때 꼭 만들어져야 할 습관 중 하나입니다. 정리를 잘하면 집 안도 깨끗하고 필요한 물건을 쉽게 찾을 수 있어 편리한데 어떻게 정리해야 하는지 모르는 사람이 의외로 많습니다. 자, 아이의 동선을 한번 생각해보세요. 아이가 유치원에서 오면 먼저 신발을 벗고 방에 들어와 가방을 내려놓고 모자와 외투를 벗습니다. 그런데 옷과 가방을 놓을 위치를 알지 못하면 의자 위 혹은 방바닥에 놓을 수밖에 없습니다. 아이 눈높이에 맞게 손쉽게 걸을 수 있는 위치에 옷걸이나 행거를 만들어주세요. 즉, 정리 시스템이 필요합니다. 요즘은 아이를 위한 정리 소품이 많이 있습니다.

아이의 집중력을
북돋아주는 방법
_ 학습태도 편

우리나라 교육과정은 나선형 구조여서 저학년 때 공부를 열심히 하지 않으면 고학년 때 매우 힘들어집니다. 단순히 암기력으로 해결될 수 있는 문제가 아닙니다. 뒤늦게 정신을 차리고 교과서를 펼쳐도 모르는 내용이 많으면 공부할 엄두가 나지 않습니다. 그 소리가 그 소리 같고 지루하기만 합니다. 따라서 방학 때 제일 먼저 해야 할 일이 바로 '지난 학기 교과서 복습과 중간고사, 기말고사 틀린 문제 완전정복'입니다. 엄마들은 방학이 되면 다음 학기 선행을 서두르지만 사실은 지난 학기 학습이 제대로 이루어져야 합니다. 그래야만 다음 학기 공부도 순조롭게 진행됩니다.

Q. 아이가 힘들어하는 것 같아 학원을 끊고 학습지를 시작했습니다. 처음에는 곧잘 소화하더니 어느새 밀린 학습지가 산더미처럼 쌓여 있습니다. 숙제를 밀리는 스타일이 아닌데 학습지만 밀리니, 이마저도 끊어야 하는 것은 아닌지 걱정입니다.

A. 아이에게 학습지가 '노동'으로 인식되고 있는 것은 아닌지요? 성인도 매일 반복되는 일상은 지겹습니다. 설거지가 귀찮다고 싱크대에 그릇을 쌓아둔다고 생각해보십시오. 엄청난 양의 그릇이 쌓이게 되면 그 양에 압도당해 선뜻 설거지할 생각이 들지 않습니다. 아이도 마찬가지입니다.

아이에게 학습지가 밀린 집안일처럼 느껴질 수도 있습니다. 학습지를 꼭 해야만 한다면 일단 그 양을 줄여주세요. 학습지는 반복 학습이 많습니다. 비슷한 유형의 문제를 전부 풀 필요는 없지요. 엄마가 내용을 보고 꼭 알아야 할 것만 가르쳐주어도 됩니다.

학습지나 교재를 선택하기 전에는 반드시 아이와 의논해야 합니다. 엄마의 강요에 의해서가 아니라 본인이 필요를 느껴야 공부가 즐거워집니다. 단, 아이가 잘 따라와준다고 학습지의 양을 늘리면 아이는 배신감을 느끼며 학습지를 원수처럼 생각하게 될 것입니다.

Q. 아이에게 숙제를 다했느냐고 물으면 짜증부터 냅니다. 어쩌다 공부하라는 이야기를 꺼내면 신경질이 극에 달해요. 공부하는 게 벼슬도 아닌데 그럴 때마다 속이 뒤집힙니다. 달래도 보고 화도 내봤는데 아이가 저보다 더 화를 내니, 속수무책입니다.

A. 학교에서 돌아온 아이에게 건넨 첫 마디가 무엇이었는지 생각해보십시오.

"아침에 지각해서 선생님한테 혼났지? 엄마가 뭐라 그랬어. 일찍 일어나라고 이야기했지. 내일부터는 안 깨워줄 거야. 이참에 버르장머리를 고쳐놔야지, 내가 못 살아 정말!"

"집에 왔으면 숙제부터 해. 숙제 끝나야 컴퓨터하게 해줄 거야."

"시험 잘 봤어? 지난번보다 어려웠어? 친구들은 어떻게 본 것 같아?"

엄마야 걱정스러운 마음에 던지는 질문이겠지만 아이의 입장에서는 닦달하는 것으로밖에 느껴지지 않습니다. "오늘 학교에서 재미있었니?" "친구들과 잘 지냈니?" "오늘 새로 배운 거 엄마에게 알려줄래?" "급식은 뭐가 나왔니?" 등의 즐거운 대화를 먼저 나누었다면 대화 끝에 "숙제했어?"라는 질문이 통할 것입니다. 거실에서 놀고 있는 아이에게 "공부해"라고 말했는데, 아이가 신경질을 내면 일단 숨을 고르고 물어보세요.

"몇 시까지 텔레비전 볼 거야? 30분 더 본다고? 그래, 그럼 엄마는 방으로 들어갈 테니 30분만 더 보고 공부해. 그리고 저녁 먹자."

물론 단 한 번에 아이의 습관이나 태도가 고쳐지지 않지만, 반복해서 실행하면 '우리 집에서는 이렇게 해야 인격적으로 대접받는구나'라는 사실을 깨닫게 됩니다. 그리고 엄마가 본인의 선택을 존중해준다는 생각에 책임을 다하려고 할 것입니다. 엄마의 인내와 시간이 필요합니다.

Q. 다른 아이들보다 호기심이 많은 편입니다. 그래서 자꾸 흥미로운 걸 발견합니다. 문제는 국, 영, 수는 물론이고 한자, 피아노, 미술, 발레, 태권도 등 자기가 원하는 학원은 다 보내줬는데, 한 달을 넘기는 법이 없다는 것입니다. 무엇이든 빨리 싫증을 내는 아이 어찌해야 하나요?

A. 아이가 학원에 다니겠다고 먼저 요구하는군요. 참으로 귀여

운 아이입니다. 그런데 아이가 학원의 의미를 정확히 알고 있는지 궁금합니다. 단순히 친한 친구를 따라갔거나, 평소 경쟁자로 생각하는 친구가 학원에 다니면 자기도 배워야겠다고 생각하는 아이들이 의외로 많습니다. 공부해야 하는 목적 없이 무작정 친구를 따라갔으니 학원 수업이 재미없는 것은 당연합니다.

학원은 공부하는 곳입니다. 공부도 내공이 필요하기에 초보자들에게는 시간이 필요합니다. 먼저 학원에 다니기 시작한 친구들이 이미 배운 내용도 따라잡아야 하고, 선생님과의 호흡도 맞춰야 합니다. 학원을 한 달 다니고 그만두겠다고 하는 것은 학원 간판과 선생님 얼굴만 보고 "에잇, 시시해. 재미없어"라고 생각하는 것입니다. 이런 유형의 아이들은 대부분 욕심이 많거나 뽐내는 것을 좋아합니다. 차근차근 노력하기보다는 한 방에 끝내려는 성향도 갖고 있지요.

학원 선택은 식당에서 메뉴를 고르는 것이 아닙니다. 한자든 피아노든 아이가 진짜로 하고 싶어하는지, 아이의 수준에 맞는 학원인지 등 여러 가지를 고려한 후에 결정하시기 바랍니다. 그리고 일단 결정하면 3개월 이상은 꾸준히 다녀야 합니다. 학습을 떠나 쉽게 결정하고 쉽게 포기하는 나쁜 습관은 바로잡아야 합니다.

Q. 아이가 책상 앞에만 앉으면 딴짓을 합니다. 공부 좀 하라고 하면

안 하던 책상 정리를 하고, 간신히 앉혀 놓으면 손톱을 손질하거나 낙서를 합니다. 집중력이 전혀 없어 책 한 줄 읽고 스마트폰 들여다보고, 문제 하나 풀고 시계 한 번 보는 식입니다. 이도 아니면 넋 놓고 앉아 있어요.

A. 아이의 집중력 부족을 호소하는 엄마들이 많습니다. 병리적인 문제인지 단순히 공부에 흥미가 없는지 살펴봐야 합니다. 아이의 집중력이 떨어진다고 동네 병원에 가서 ADHD 판정을 받고 처방 약을 먹이는 경우가 있는데, 반드시 큰 병원에 가서 한 번 더 확인할 필요가 있습니다. 약의 남용이 우려되기 때문입니다.

앞서 아이의 집중력을 높이기 위해서는 공부를 방해하는 몬스터들을 일단 제거해야 한다고 말씀드렸습니다. 이제 넋 놓고 있는 문제에 대해 말씀드립니다. 넋 놓고 멍하니 앉아 있는 것은 현재 상황에 집중하지 못하고 있다는 이야깁니다. 집중은 재미나 흥미가 기반이 되어야 이뤄집니다. 신나고 즐거운 일이어야 몰입이 되는 것입니다. 아이가 좋아하는 게임을 할 때 눈빛을 보면 그렇게 빛날 수 없습니다. 공부도 그리 되어야 합니다. 새로운 것을 알아간다는 기쁨, 공부를 열심히 해서 100점을 맞았다는 환희, 기뻐하는 부모님의 모습, 친구들의 질투를 은근히 즐길 줄 알아야 합니다. 그런데 앞서 말씀드렸듯이 공부에도 내공이 필요합니다.

우리나라 교육과정은 나선형 구조여서 저학년 때 공부를 열심히 하지 않으면 고학년 때 매우 힘들어집니다. 단순히 암기력으로 해결될 수 있는 문제가 아닙니다. 뒤늦게 정신을 차리고 교과서를 펼쳐도 모르는 내용이 많으면 공부할 엄두가 나지 않습니다. 그 소리가 그 소리 같고 지루하기만 합니다.

따라서 방학 때 제일 먼저 해야 할 일이 바로 '지난 학기 교과서 복습과 중간고사, 기말고사 틀린 문제 완전정복'입니다. 엄마들은 방학이 되면 다음 학기 선행을 서두르지만 사실은 지난 학기 학습이 제대로 이뤄져야 합니다. 그래야만 다음 학기 공부도 순조롭게 진행됩니다.

Q. 아이가 시험에서 평균 점수 60점을 맞고도 아무 생각이 없습니다. 걱정스러운 마음에 잔소리 좀 하면 도리어 걱정하지 말라며 큰소리칩니다. 아이 아빠나 저나 걱정이 태산인데 무사태평한 아이, 어찌하면 좋을까요?

A. 요즘 아이들은 자신의 실력을 정확히 알지 못합니다. 초등학교에서는 어지간하면 잘한다고 칭찬을 하고, 성적표에는 '매우 잘함'이 표기됩니다. 중학교에서는 90점만 넘으면 A라고 평가를 합니다. 한 반 35명 중 '매우 잘함'이 20명 있을 수도 있고, A를 받은 아이가 25명 있을 수도 있는데 말입니다. 그래서 평균 60점

을 걱정하는 엄마에게 "엄마, 걱정하지 마. 우리 반에 50점도 많아"라고 위로하는 것입니다. 사실 엄마도 60점이 반에서 몇 등인지 감이 잡히지 않습니다. 이런 현상은 고등학교 1학년 6월 이전까지 지속됩니다. 이때 치르는 모의고사 성적표에 처음으로 아이의 전국 등수가 표기되기 때문입니다.

그래서 저는 초등학교나 중학교 때 전국적으로 치르는 시험을 보라고 권합니다. 경시대회 성적은 상급학교 입시에 반영되지 않지만, 시험이라는 것은 준비하는 과정에서 실력이 쌓입니다. 그 결과, 내 아이의 객관적 위치(전국 등수)까지 알 수 있습니다. 실력도 쌓고 아이의 수준도 파악하는 일거양득의 효과를 보는 것입니다.

아이가 본인의 성적에 대해 현실감이 없고 천하태평이라고 걱정하지 마시고 본인이 노력할 수 있도록 자극을 주시기 바랍니다. 비전을 심어주라는 말입니다. 특목고를 보내고 싶으면 특목고 캠프도 보내고, 특목고를 가기 위해서 어떤 준비를 해야 하는지 설명해주세요. 이 같은 과정을 통해 아이에게도 욕심이라는 게 생깁니다. 아무런 자극도 없이 무턱대고 시험 점수만 가지고 야단치면 '우리 엄마는 왜 저럴까? 나보다 공부 못하는 아이들도 많은데! 또 잔소리 시작이다'라고 생각하기 쉽습니다.

공부에 흥미가 없는 아이,
어떻게 해야 할까?
_ 진로설정 편

특성화고나 마이스터고에서 대학에 진학하는 아이들도 적지 않습니다. 공부
에 흥미가 없는 아이가 인문계에 진학하여 수업 시간 내내 잠만 자는 것보다,
원하는 마이스터고에 입학하여 자신이 좋아하는 것을 배우는 게 더 좋다고
생각합니다. 아이가 취업 현장에서 재교육의 필요성을 느끼고 대학 졸업장이
필요하다고 생각되면 누가 시키지 않아도 스스로 공부해 대학에 진학할 것입
니다. 남과 조금 다른 삶의 방향이지만 멀리 본다면 자녀의 선택을 존중해도
좋을 것 같습니다. 아이가 본인의 선택에 최선을 다할 수 있도록 도와주시기
바랍니다.

Q. 특별히 하고 싶은 것도, 잘하는 것도 없는 아이가 걱정입니다. 호기심이 없는 건지, 관심이 없는 건지 어떤 것을 봐도 별다른 흥미를 보이지 않습니다. 다른 아이들은 자고 일어나면 꿈이 바뀐다는데, 아무런 꿈도 없는 아이, 이대로 둬도 괜찮을까요?

A. 많은 엄마들이 같은 고민을 합니다. 결론부터 말씀드린다면 그대로 둬도 괜찮습니다. 돌이켜보면 저도 학창 시절에 별다른 꿈이 없었습니다. 특별하게, 아니 뛰어나게 잘하는 것도 없었습니다. 대학생이 된 우리 아들딸도 마찬가지입니다.

확실한 꿈을 가지면 진로 선택에 고민이 없고, 단일 코스로 직진만 하면 되기에 여러모로 삶이 편안해지겠지만, 이러한 행운을 가진 사람은 극히 드뭅니다. 대부분의 사람은 성적으로 학교를 결정하고 삶의 흐름에 따라 직업을 가지게 됩니다. 물론 어느 정도 적성이 맞는 일을 찾아야겠지요. 인간은 결코 자신이 싫어하는 일을 행복한 마음으로 할 수는 없으니까요.

자녀에게 꿈이 없다고 걱정하지 마십시오. 아직 꿈을 찾지 못했어도 미래에 대한 생각은 많을 나이입니다. 주어진 상황을 받아들이고 그 안에서 최선을 다하다 보면 어느덧 훌쩍 자라 제 몫을 하게 됩니다. 허황된 꿈 때문에 방황하는 모습보다 현실에 충실하고 성실한 모습이 훨씬 더 아름답습니다.

Q. 아이의 꿈이 날마다 바뀝니다. 그제는 의사, 어제는 가수, 오늘은 피아니스트가 되고 싶다고 합니다. 꿈이 많은 것은 좋으나 산만해 보여 걱정입니다. 쉽게 진로 결정을 못 하는 아이, 무엇을 어떻게 도와줘야 할까요?

A. 바로 위의 질문과 정반대의 고민이군요. 모자라도 걱정, 넘쳐도 걱정… 이래저래 엄마들의 걱정은 떠날 날이 없습니다. 그 나이대의 아이들은 하루에 몇 번씩 꿈이 바뀌는 게 정상이니 지나친 걱정은 하지 마세요. 대신 영어 공부는 확실히 시키는 게 좋겠습니다. 세계화 시대의 영향으로 요즘은 직업에 상관없이 영어는 기본이니까요. 영어 인터뷰를 하는 박태환, 김연아 선수를 떠올려보십시오. 일반 직장에서도 해외 사이트의 자료를 조사한다거나 해외 거래처에 이메일을 보내는 등 영어를 사용하는 일

이 다반사입니다. 어떤 꿈이든 이를 이루기 위해서는 무엇보다 공부에 대한 기본 습관과 내공을 쌓아야 합니다.

Q. 초등학교 6학년 남자아이가 자동차에 관심이 많습니다. 공부에는 흥미가 없으니 좋아하는 것을 제대로 배울 수 있는 마이스터고로 진학하고 싶다고 합니다. 저는 반드시 대학을 보내고 싶은데 이런 아들을 볼 때마다 속상합니다. 공부에 흥미 없다는 아이, 어떤 선택이 옳은지 모르겠습니다.

A. 아이가 자동차에 관심이 많고 소질도 있다면 일단 아이의 뜻을 존중해주세요. 공부에 흥미가 없는 아이가 인문계에 진학하여 수업 시간 내내 잠만 자는 것보다, 원하는 마이스터고에 입학하여 자신이 좋아하는 것을 배우는 게 더 좋다고 생각합니다. 지금은 공부에 흥미가 없다고 해도 나중에 얼마든지 대학 진학 욕구가 생길 수 있습니다. 인문계 학생들보다 대학에 진학하기 어려운 게 사실이지만, 특성화고에서 대학에 진학하는 아이들도 적지 않습니다.

아이가 취업 현장에서 재교육의 필요성을 느끼고 대학 졸업장이 필요하다고 생각되면 누가 시키지 않아도 스스로 공부해 대학에 진학할 것입니다. 남과 조금 다른 삶의 방향이지만 멀리 본다면 자녀의 선택을 존중해도 좋을 것 같습니다. 아이가 본인의 선택에 최선을 다할 수 있도록 도와주시기 바랍니다.

Q. 중학교 1학년 때 자유학기제가 실시되고 우리 아이들은 미리 꿈을 정해야 한다고 하는데 어릴 적부터 장래 직업에 대해 고민해야 하는 건가요? 부모로서 어떤 면을 도와주면 좋을까요?

A. 유아 아동들이 대부분 키자니아에 다녀오지요. 앞치마를 두르고 요리를 해보고, 의사 가운을 입고 엑스레이 촬영도 해봅니다. 현실세계의 직업을 체험하며 미래의 모습을 그려보는 경험입니다.

조금 큰 아이들은 한국잡월드에 가보면 좋습니다. 아이들에게 "어떤 직업을 갖고 싶니?"라고 물어보면 대부분 연예인, 스포츠 선수, 교사, 의사, 변호사, 과학자 등 제한된 직업만 이야기합니다. 방송이나 일상에서 보는 직업들이니까요. 일부 학생들은 위인전 등 책을 통해 다른 직업을 제시하기도 합니다.

자, 여러분께 팁을 드립니다. 조용히 책상 앞에 앉아 리스트를 만들어봅니다. 즉 여러분이 알고 있는 사람들 이름을 적고 그분들의 직업을 적어봅니다. 가능한 그분들 배우자의 직업도 함께 적으면 좋습니다. 그 리스트가 여러분이 연결할 수 있는 직업의 범위입니다. 만일 아이가 초등학교 고학년이 돼서 "엄마, 나는 회계사가 되고 싶어"라고 말한다면 그 리스트 속의 회계사를 만

나게 해주세요. 가급적 성공한 회계사였으면 좋겠습니다. 현장에서 일하는 분들의 생생한 이야기를 들으면 아이가 그 직업으로 수월하게 나아갈 수 있으니까요.

사춘기 아이와
안전거리 유지하기
_교우관계·사춘기 편

특히 엄마들은 "아이는 어떻게 생기느냐" "여자는 왜 가슴이 있느냐" "남자는 왜 고추가 있느냐" 등 예상치 못한 질문을 받으면 순간 당황해 "아빠에게 물어봐"라며 자리를 모면하려고 합니다. 이런 엄마의 모습을 보고 아이들은 성에 대해 "물어봐서는 안 될 질문" "드러내서는 안 되는 것"으로 인식하기 쉽습니다. 엄마의 모습이 그대로 아이에게 투영되는 것입니다. 부모가 아무리 주의를 기울여도 아이들이 성에 대해 노출될 수밖에 없는 현실이라면, 왜곡된 성 의식을 갖지 않게 제대로 된성 지식을 일러주는 게 바람직합니다.

Q. 사춘기에 접어들면서 일명 문제아라고 불리는 친구들과 어울리기 시작했습니다. 학원이 아닌 PC방으로 향하는 날이 많아지면서 귀가 시간도 점점 늦어지고 있습니다. 이러다 비행청소년이 되는 건 아닌지 걱정입니다.

A. 많이 속상하시겠네요. 저도 상담과정에서 이런 학생들을 본 적이 있습니다. 만나서 이야기 나눠보면 순수하고 마음이 고운 아이인데 친구들과 다니면 나쁜 짓을 하더군요. 본인도 나쁜 행동이라는 것을 알지만 친구들에게 무시당하기 싫고, 무리에서 왕따를 당할지도 모른다는 두려움에 어쩔 수 없다고 합니다. 이미 일탈의 단맛을 경험했고 평범한 친구들이 자신을 두려워하는 모습을 보면서 '힘을 가졌다'라고 착각하는 면도 있었습니다.

자녀가 학교에서 문제아로 찍히고 공부를 소홀히 하면 대부분의 부모들은 자녀의 전학을 선택합니다. 일부 학교에서는 부모가 원치 않아도 처벌의 형태로 강제전학을 시키기도 합니다. 문제는 아이들 사이에서 SNS나 메신저를 통해 "우리 학교에서 누가 강제전학을 당했다"라는 소문이 퍼진다는 것입니다. 전학을 가도 아이의 방황은 멈추지 않고 그릇된 친구의 울타리에서 벗어나기 힘든 현실입니다.

부모의 관심과 관여가 지나치면 아이들은 역으로 튕겨나가려 하고 무관심하면 부모로부터 버려졌다는 패배감을 느낍니다. 참으로 힘든 시간이겠지만, 절대 아이를 포기하지 말고 끝까지 지켜보고 보호해야 합니다. 부모의 간절함과 진실한 마음이 전달되어야만 아이들은 변하기 시작합니다.

부모가 자녀를 항상 생각하고 기다린다는 마음을 보여주시기 바랍니다. 아이가 나쁜 친구들과 어울려 일탈을 하고 돌아다녀도 집에 들어왔을 때는 따뜻한 밥상 차려주는 것을 잊지 마십시오. 언제나 한자리에서 빛을 비추는 등대처럼 자신을 기다리는 엄마가 있다는 사실을 인식시켜주세요. 그것이 내 아이를 지키는 길이자, 일탈한 아이를 제자리로 돌려놓을 수 있는 방법입니다.

Q. 얼마 전 아이가 학교에서 왕따를 당하고 있다는 사실을 알았습니다. 어디 모난 성격도 아닌데 친구들 사이에서 따돌림을 당하는 이유

를 모르겠습니다. 등교를 거부하는데 계속 학교를 보내야 할지 전학을 시켜야 할지 고민입니다.

A. 왕따를 당하는 아이들은 대부분 눈치가 없거나, "No"라는 말을 할 줄 모르는 순종적인 아이가 많습니다. 집에서 넘치는 사랑을 받아 지나치게 자존감이 높은 아이는 모든 사람이 자기를 좋아한다고 생각합니다. 이런 학생들이 다른 학교로 전학을 가면 새로운 학급에서 주인공이 되고 싶어 하지요. 하지만 이미 그 학급에는 다른 주인공들이 존재하고 있습니다. 이를 모르고 새로운 친구들의 관심을 끌기 위해 노력하면, 요새 아이들 말로 '나대거나' '설치는' 아이가 됩니다.

반대로 자존감이 너무 낮아 끊임없이 주변의 눈치를 보며 자신의 의사표현을 제대로 못하는 아이들이 있습니다. 예를 들어 어떤 아이가 어깨를 툭 쳤을 때 "왜 쳐?"라고 대응하면 상대도 사과하고 조심하게 됩니다. 그런데 가만히 맞고 있으면 '어? 이것 봐라?' 하며 더욱 심한 장난을 치게 됩니다. 문제는 이러한 장난에 다른 친구들도 동참하게 된다는 것입니다.

상담실에서 덩치는 산만한데 저보다 작은 친구들에게 맞고 다니는 아이를 만난 적이 있습니다. 아이는 상대의 기분이 상하는 게 걱정되어 "싫다"라는 말을 할 수 없다고 했습니다. 과감하게 "안 돼" "싫어"라는 말을 할 수 있도록 가르쳐야 합니다.

왕따를 당했다고 부모가 학교에 직접 찾아가 가해 학생을 야단치거나 학교폭력대책위원회에 고발하는 문제는 많이 고민해 봐야 합니다. 아이들은 우리가 생각하는 것보다 훨씬 치밀하고 조직적으로 움직일 수 있습니다. 피해자의 부모 앞에서는 잘못을 빌지만 뒤돌아서는 바로 "치사한 놈, 부모에게 일렀어?"라며 보복을 가할 수도 있습니다. 감정보다는 이성적 판단과 대처가 필요한 일이니, 전문가의 도움을 받는 게 좋겠습니다.

Q. 얼마 전 우연찮게 아이의 휴대폰을 보게 되었습니다. 초등학교 5학년 남아인데 친구들과 야동 사이트를 공유하더군요. 당혹스럽기도 하고 어떤 말로 교육을 시켜야 할지 난감합니다.

A. 부모들은 여전히 자녀를 어린아이로만 보는데 아이들의 성장은 우리가 상상하는 이상으로 빠릅니다. 포털사이트의 메인 화면만 봐도 낯 뜨거운 사진이 가득한 세상이니 아이들의 성적 호기심은 날로 커질 수밖에 없습니다. 이토록 거침없이 성장하는 아이들과 달리 부모들의 성 의식은 과거와 크게 달라진 게 없는 현실입니다. 30대의 젊은 부모들도 아이의 성교육 이야기만 나오면 얼굴이 붉어지고 민망한 상황을 피하고자 말을 돌리는 경우가 많습니다.

특히 엄마들은 "아이는 어떻게 생기느냐" "여자는 왜 가슴이 있느냐" "남자는 왜 고추가 있느냐" 등 예상치 못한 질문을 받으면 순간 당황해 "아빠에게 물어봐"라고 하며 자리를 모면하려고 합니다. 이런 엄마의 모습을 보고 아이들은 성에 대해 "물어봐서는 안 될 질문" "드러내서는 안 되는 것"으로 인식하기 쉽습니다. 엄마의 모습이 그대로 아이에게 투영되는 것입니다.

성인의 주민등록번호만 있으면 음란물 등 유해매체에 무방비 상태로 노출되는 현실입니다. 부모들은 믿기 싫겠지만 중학교 남학생 스마트폰 속에서 음란물을 찾기란 그리 어려운 일이 아닙니다. 신체적인 성숙도 빠르고 성에 대한 외부의 자극도 많으니 부모로서는 난감할 따름입니다.

부모가 아무리 주의를 기울여도 아이들이 성에 대해 노출될 수밖에 없는 현실이라면, 왜곡된 성 의식을 갖지 않게 제대로 된 성 지식을 일러주는 게 바람직합니다. 예를 들어 여자아이는 엄마가 월경에 대한 지식을 전달하고, 남자아이는 아빠가 몽정과 자위에 대한 지식을 이야기하는 게 좋습니다. 아무런 배경지식 없이 월경을 시작하거나 몽정을 경험하게 되면 아이들은 정신적으로 상당한 충격을 받게 됩니다.

역으로 아들을 둔 엄마들 역시 아이가 자위하는 모습을 보고 상당한 충격을 받는데, 이는 지극히 자연스러운 현상입니다. 단, 성에 대해 제대로 된 가치관이 정립되기 전이기 때문에, 이때 바로잡아주지 않으면 왜곡된 성 정체성을 갖기 쉽습니다. 남자와 여자의 신체구조의 차이, 임신과 출산, 나아가 피임에 관해서도 정확히 알려주십시오. 성에 대한 관심은 부끄럽고 감춰야 하는 것이 아니라 자연스러운 현상임을 알려주시기 바랍니다.

일전에 기숙형 특목고에 다니는 학생들을 대상으로 '밥상머리 성교육'에 관한 조사를 했습니다. "부모로부터 어떤 성교육을 받았는가" "정말 필요한 정보는 무엇인가"를 물어봤습니다.

학생들은 단편적인, 교과서적인 지식이 아닌 구체적 성교육을 원했습니다. 모호한 성교육보다는 출산, 피임법 등 날것 그대로의 정보를 요구했습니다. 왜곡된 성의식을 갖기 전에 올바른 성의식을 갖게 하는 일, 부모의 중요한 역할 중 하나입니다.

Q. 초등학교 5학년 딸아이입니다. 언제부터인가 쌍꺼풀 수술을 하겠다고 고집을 부리더니 지금은 가슴이 너무 작아 고민이라고 합니다. 그리고 틈만 나면 거울 앞에 앉아 있습니다. 외모에 지나치게 관심이 많은 아이 어찌해야 하나요?

A. '여자의 미소는 권력이다'라는 우스갯소리가 있습니다. 멋진 외모가 갖는 프리미엄이 상당하다는 이야깁니다. 물론 외모 지상주의를 찬성하는 것은 아니지만, 성형수술이 흉이 아닌 세상이니 필요하다면 수술을 하는 게 좋다고 생각합니다.

다만 시기가 문제인데 너무 어린 나이에 수술하면 성장에 따라 모양이 바뀌기 때문에 재수술이 필요하다고 합니다. 만일 계속 성형을 고집한다면 함께 병원에 찾아가 의사와 상담해보세요. 분명히 "더 커서 오라"는 대답을 듣게 될 것입니다. 권위 있는 사람의 말 한마디가 엄마의 백 마디 말보다 강력한 파워를 발휘할 때도 있습니다.

어린 시절에는 외모보다 뼈 성장에 신경을 써야 합니다. 얼굴은 성형으로 예쁘게 만들 수 있으나, 키와 팔다리 길이 등 신체 비율은 성형으로도 고칠 수 없습니다. 먼저 수영이나 발레, 요가 등으로 아이의 관심을 돌리고 예쁜 몸매를 만들어주시기 바랍니다.

Q&A 6

아이에게
말 걸기
_ 부모와의 관계 편

이미 우리 아이들 주변에는 잔소리, 훈계, 도덕 교과서 같은 이야기를 해주는 사람이 많습니다. 굳이 부모가 더하지 않아도 충분히 힘든 상황입니다. 아이들이 먼저 할 말이 있는 듯 "엄마"라고 부르면, 텔레비전에서 시선을 떼고 아이의 눈을 바라보세요. 만약 설거지를 하거나 음식을 만드는 중이어서 당장 대화를 나눌 수 없다면, "10분만 기다려줘, 이것만 끝내고 엄마가 바로 갈게"라고 양해를 구하면 됩니다. 엄마가 들을 준비가 되어 있어야 아이와의 대화도 가능한 것입니다.

Q. 아이와 대화를 시도하면 "엄마는 아무것도 모르면서!"라며 제 방문을 닫고 들어가기 일쑤입니다. 대화의 타이밍을 잡는 게 말처럼 쉽지 않아요.

A. 대화는 대등한 관계에서 마주 보고 하는 이야기입니다. 그런데 자녀의 입장에서 부모와의 대화는 일방적 잔소리 혹은 명령으로 느껴지는 경우가 많습니다. 인정하고 싶지 않겠지만 자신의 고정관념 혹은 도덕적 잣대로 아이를 훈시하는 게 습관화된 것은 아닌지요?

인간은 타인에게 말을 할 때 2가지를 기대합니다. 첫째, 그저 내 이야기를 들어주고 상대가 공감해주기를 원합니다. 남편과의 대화를 떠올려보십시오. 아내가 남편에게 옆집 아줌마를 흉볼 때 남편에게 원하는 것은 공감인데 남편은 마치 자신이 판사라도 되는 양 피해자와 가해자를 구분하려 합니다. 인과관계를 따진 후 결국은 "당신이 잘못했네"라는 말로 아내의 염장을 지릅니다. 그저 공감을 바랐던 아내의 마음이 닫히는 순간입니다.

둘째는 현명한 해답을 기대합니다. 나보다는 지혜롭고 객관적인 시선으로 문제를 바라보길 원합니다. 더불어 문제해결을 위한 여러 가지 조언과 대안을 기대합니다. 아이들이 부모에게 곤란한 문제를 이야기한다는 것은 은연중 부모가 해결해주기를 바라는 것입니다. 그런데 부모는 훈계만 합니다. 해결책이 아니라 질책을 선물합니다.

이미 우리 아이들 주변에는 잔소리, 훈계, 도덕 교과서 같은 이야기를 해주는 사람이 많습니다. 굳이 부모가 더하지 않아도 충분히 힘든 상황입니다. 아이들이 먼저 할 말이 있는 듯 "엄마"라고 부르면, 텔레비전에서 시선을 떼고 아이의 눈을 바라보세요. 만약 설거지를 하거나 음식을 만드는 중이어서 당장 대화를 나눌 수 없다면, "10분만 기다려줘, 이것만 끝내고 엄마가 바로 갈게"라고 양해를 구하면 됩니다. 엄마가 들을 준비가 되어 있어야 아이와의 대화도 가능합니다.

Q. 사춘기가 왔는지 어느 순간부터 엄마, 아빠의 말은 일단 무시하고 봅니다. 외동딸이라 귀하게 길렀는데, 그것이 오히려 독이 된 듯하네

요. 부모의 권위를 세우려면 어찌해야 하나요?

A. 부모의 권위는 자녀가 세워주는 것이 아니라 부부가 서로 만들어주는 것입니다. 아빠가 자녀 앞에서 엄마를 존중하면 엄마의 권위는 저절로 생기고, 엄마가 아빠를 존중하면 자녀도 따라 아빠를 존중합니다. 눈만 마주치면 부부싸움을 하는 부모에게 권위가 있을 수 없습니다. "내가 네 아빠 때문에 못 살아!" "제 어미 닮아서 저 모양이지!" 아이 앞에서 서로 험담하면서 자녀에게 존중받기를 원한다면 그야말로 어불성설이지요.

부부 사이에는 별문제가 없음에도 아이가 부모를 무시한다면, 집안에 손자 말이라면 무조건 "오케이" 하는 조부모처럼 부모보다 더 큰 힘이 존재하거나, 부모가 버릇없이 키웠다는 뜻입니다. 제대로 된 인성교육을 받지 못한 것이지요.

자녀가 서너 살이 되면 초자아Superego가 형성되어 자신이 원하는 것을 얻기 위한 고집이 생깁니다. 훈육이 필요한 시기입니다. 해도 되는 일과 해서는 안 되는 일, 할 일과 하지 말아야 할 일 등을 구분해주고 이를 어길 시에는 반드시 야단을 쳐야 합니다.

맞벌이 부부가 많아지면서 아이에게 미안한 마음에 야단은커녕 모든 응석을 받아주는 경우가 많은데, 이는 결코 아이를 위한 행동이 아닙니다. 호의가 계속되면 권리인 줄 안다고, 아이는 부모의 희생이 당연한 줄 알게 됩니다.

사춘기에 들어서면서 점점 엇나가는 아이의 행동에 부모도 폭발하는 시기가 옵니다. 그런데 평소 부모에게 "안 된다"라는 말을 들어 보지 못한 아이는 낯선 부모의 반응에 당황하는 게 아니라 '왜 저러지? 옛날에는 안 그랬으면서?'라는 의구심을 품습니다. 자신은 평소와 달라진 게 없는데 부모의 반응만 달라졌기 때문이다.

부모의 권위는 부모 스스로 만드는 것입니다. 자녀 앞에서 부모가 서로 사랑하고 존중해주면 자녀도 분위기를 알고 따라할 것입니다. 돈독한 부모의 모습을 보여주는 동시에 아이에게 올바른 인성교육을 시켜주기 바랍니다.

Q. 초등학교 4학년 남아인데 아빠와의 거리가 너무 멉니다. 어릴 때는 둘이 잘 지냈는데, 어느 순간 멀어졌습니다. 아빠가 말을 걸어도 단답식으로만 대답하니, 남편도 답답한지 입을 다물어버렸습니다. 이제는 단둘이 있으면 제가 나타날 때까지 한마디도 나누질 않아요. 아빠와 아이가 친해지는 방법을 알려주세요.

A. 자녀교육에 있어 아빠의 역할과 엄마의 역할은 분명 다릅니다. 엄마가 아이에게 맛있는 열매와 시원한 그늘을 만들어주는 나무 같은 존재라면, 아빠는 이 모든 것을 가능케 하는 뿌리와 같습니다. 그런데 온종일 아이에게 매달려 있는 엄마와 달리, 아

빠들은 여전히 아이의 교육에 관심이 없습니다. 권위적인 아버지 아래서 자라 애정을 표현하는 방법을 배운 적도 없고, 아이교육은 엄마가 알아서 하는 것이라고 생각하는 아빠가 많기 때문입니다.

이런 상황에서 아빠가 바쁜 회사일로 자녀와 밀착적인 관계를 만들지 못했다면 아이와의 거리는 더욱 멀어질 수밖에 없습니다. 게다가 남자들은 여자와 달라서 두 명만 모여도 서열을 확인하고 계급을 만드는 습성이 있습니다. 대등한 관계에서 말하기가 어려운 상황이지요.

'먼 친척보다 가까운 이웃사촌이 낫다'라는 말이 있습니다. 가족이라도 공통의 화제를 찾아 자주 대화를 나누어야 하는데, 아빠가 그 타이밍을 놓친 것 같습니다. 오랜만에 어린 시절의 친구를 만났다고 생각해보십시오. 서먹함도 잠시 언제 그랬냐는 듯 수다의 꽃이 핍니다. 옛날처럼 자주 만날 수 없고 멀리 떨어져 살지만 추억이라는 공감대로 하나가 되는 것입니다.

일단 아빠와 아이 사이에 있는 벽을 허물어야 합니다. 그동안 쌓인 섭섭함이나 서운함이 사라져야 자연스러운 일상의 대화가 가능합니다. 상태가 심각하다면 전문가의 도움을 받으시고, 회복의 기미가 있다면 환경을 바꿔보시기 바랍니다.

가족이 함께 커피숍을 찾거나 가까운 공원을 방문하는 것도 도움이 됩니다. 주말에 온가족이 둘러앉아 아이가 좋아하는 만화책을 함께 읽는 것도 좋은 방법입니다. 만화라는 공통의 화제가 대화를 이어줄 것입니다. 이도 아니면 주말을 이용해 아빠와 아들, 둘만의 캠핑을 다녀오는 것도 좋겠습니다. 엄마는 모르는 둘만의 비밀이 쌓이면 아빠와 아들의 공감대가 형성되니까 말입니다.

Q. 아이와 대화하면 저도 모르게 화부터 내게 됩니다. 처음에는 분명 차분한 대화로 시작했는데, 어느 순간 아이에게 소리를 지르고 있는 저를 발견합니다. 화내지 않고 대화하는 방법을 알려주세요.

A. 엄마도 사람입니다. 안 되는 것을 뻔히 알면서 고집 피우는 아이를 볼 때, 슬쩍슬쩍 엄마의 눈치를 보며 거짓말을 할 때, 매일 아침마다 늦잠 자는 아이 때문에 등교 전쟁을 치를 때 엄마도 화가 납니다.

분노는 실망과 좌절감의 또 다른 표현입니다. 아이가 자신의 기대와 다르게 행동할 때, 아이가 엄마의 상식을 벗어난 행동을 할 때, 아이가 엄마의 마음을 몰라줄 때 좌절하고 이것이 바로 화로 표출되는 것입니다.

화가 날 때는 잠시 호흡을 가다듬고 '화내는 대상'이 무엇인지 생각해보십시오. 아이의 행동에 화가 나는지, 바쁜 상황에 화가 나는지, 아니면 그저 컨디션이 좋지 않아 예민한 것인지를 정리해볼 필요가 있습니다. 스스로 힐링 시간을 갖는 것입니다. 화는 다이너마이트와 같아서 한번 폭발하면 주위의 모든 것을 산산 조각냅니다. 아이와의 관계는 말할 것도 없지요. 얻고자 하는 결과는 얻지 못하고 성질 더러운 엄마의 이미지만 남게 됩니다.

"화가 날 때는 2분만 기다려라. 다시 한 번 생각하자. 화를 내서 상대가 변할지, 그리고 내가 얻고자 하는 결과를 얻게 될지. 만일 그렇지 않다면 그냥 넘기자. 상대보다 내가 변하는 것이 훨씬 더 빠른 길이다."

제가 화가 날 때 항상 생각하는 말입니다.

마지막으로 상대에게 화를 낼 때는 왜 화를 내는지 그 이유를 정확히 알려야 합니다. 적어도 아이가 '이유 없이 혼나고 있다'라는 생각은 하지 않게 만들어야 하는 것입니다.

좋은 학원의
선택 기준

_ 직장맘 편

대치동에는 학교도 많고 학원도 많습니다. 오죽하면 '학원 백화점'이라고 불리겠습니까. 학원이 많다는 것은 그만큼 선택지가 다양하다는 뜻입니다. 아이의 학년별, 연령별, 수준별 맞춤형 학원을 선택할 수 있습니다. 예를 들어 수학에서 확률과 통계가 부족한 아이라면 확률과 통계에 능통한 강사가 있는 학원으로 보내면 됩니다. 학원이 많다는 것은 그만큼 학원 간 경쟁이 치열하다는 의미입니다. 대치동에 있는 학원들은 주변 학원과 차별화되기 위해서 독창적인 커리큘럼을 개발하고 더 좋은 교육법을 고민합니다. 이것이 바로 대치동 학원이 유명한 이유입니다.

Q. 올해 초등학교에 들어가는 아이를 둔 직장맘입니다. 첫 아이라 모든 게 낯설지만 무엇보다 방과 후 혼자 있을 아이가 걱정입니다. 부부가 퇴근할 때까지 아이를 학원으로 돌려야 하는 것은 아닌지, 일과 육아 사이에서 고민이 많습니다.

A. 분명하게 이야기할 수 있는 건 엄마가 일을 한다고, 모든 자녀의 성적이 떨어지는 건 아니라는 점입니다. '대치동에는 전업주부가 많다' '의사들도 병원 문을 닫고 아이들 교육에 힘을 쓴다' '자녀의 성적은 엄마의 정보력과 비례한다' 등의 언론보도가 직장맘들을 더욱 불안하게 만들고 있지만, 이는 과장된 것입니다. 제 주위만 봐도 맞벌이 부부 아래서 자란 아이가 명문대에 진학하는 경우가 많습니다.

직장맘의 하루는 전쟁입니다. 아침에 일어나 가족들의 식사를 챙기며 출근 준비를 하고 온종일 업무와 씨름하고 집에 돌아오면 할 일이 태산같이 쌓여 있습니다. 서둘러 저녁 식사를 마치고 밀린 집안일을 끝낸 후에야 비로소 아이의 얼굴이 눈에 들어오는 게 다반사죠. 학교 준비물을 챙기거나 수행평가를 해결하다 보면 차분히 이야기 나눌 시간조차 없는 게 현실입니다. 그러다 보니 회사에 나가서도 불안한 마음에 30분에 한 번씩 전화나 문자로 아이의 동태를 살피고, 혼자 시간을 보내는 게 안타까워 무리하게 학원 스케줄을 계획하기도 합니다.

하지만 아무리 엄마가 원격으로 조정하려고 해도, 자녀가 마음만 먹으면 제멋대로 행동할 수 있습니다. 학습에 대한 동기부여가 전혀 없는 상태에서 엄마의 퇴근 시간에 맞추기 위해 아이를 학원에 보내는 것은 바람직하지 못합니다. 엄마가 퇴근할 때까지 아이가 안전하게 지낼 수 있게 만드는 조치는 반드시 필요하지만, 아무리 많은 학원에 다녀도 아이가 스스로 복습을 하지 않으면 당연히 좋은 성적을 기대할 수 없습니다.

무분별하게 학원을 보내기보다는 자녀가 스스로 학습할 수 있는 능력을 길러주는 게 필요합니다. 그래서 엄마주도학습이 필요한 거죠. 아이와 같이 계획을 세우고 목표를 설정한 뒤, 실천해나갈 수 있게 도우면 됩니다. 반드시 하루 공부량을 체크한 뒤 이를 완수했으면 "오늘 하루도 목표한 바를 잘 이뤄냈구나"

라는 칭찬의 한마디도 잊지 마세요. 엄마의 주도 아래 아이의 학습 습관을 만들어놓으면 아이의 인생이 바뀝니다. 중요한 건 자녀와의 소통입니다. 퇴근 후 단 30분이라도 대화를 나눠 친밀감을 높이려고 노력해야 합니다.

자녀의 성적이 학부모의 의지만으로 이뤄지지는 않습니다. 주위에서 직장을 그만둔 후 자녀교육에 집중했는데 오히려 성적이 떨어지는 경우도 종종 봤습니다. 부모의 지나친 관여가 오히려 아이의 학습의지를 떨어뜨린 셈이죠. 아이의 학습능률을 올리고 싶다면 함께 공부하십시오.

Q. 중3 아들을 키우고 있는 직장맘입니다. 친구 딸은 특목고에 합격하고, 조카는 자율형사립고를 준비한다고 합니다. 학원은 충분히 다니고 있는데, 괜히 우리 아이만 뒤처지는 기분입니다.

A. '중3 겨울방학 실력으로 대학의 80퍼센트가 결정된다'라는 말이 있을 정도로 중학교 3년은 매우 중요한 시기입니다. 2학기 기말고사가 끝나면 학교나 집에서 여유시간도 많아집니다. 국, 영, 수 등 주요과목 실력 향상에 주력해야 할 시기입니다. 이 시기에 기본 실력을 쌓아야 고등학교 진학 후 내신 성적을 챙기면서 교내활동을 활발하게 할 수 있습니다. 국, 영, 수 심화학습이 마무리된 학생이라면 고1 내신을 위해 경제, 한국사, 과학 공부

에 집중하는 것도 좋습니다. 1년 과정의 논술 공부를 시작하는 것도 한 방법입니다. 직장맘은 슈퍼우먼이 아닙니다. 모든 일을 완벽하게 처리할 수는 없습니다. 가족들에게 현실적인 도움을 청해보세요. 엄마 혼자서 모든 걸 해결하려고 하면 가족 간의 갈등만 커지고, '내가 왜 이렇게 사나' '지금 내가 뭐 하고 있는 거지?'라는 생각이 들기 쉽습니다. 엄마의 불만을 가족들이 해결해줄 수 있는지 논의한 뒤, 하나씩 해결해나가는 지혜가 필요합니다.

Q. '교육 1번지'라고 불리는 대치동 지역의 교육이 왜 유명한지, 다른 지역과 무엇이 다른지 알고 싶습니다.

A. 대치동 아이들은 초등학교 저학년 때부터 문학, 인문, 사회과학, 자연과학, 교양 등 다양한 분야의 책을 읽습니다. 그중에서도 특히 한국사와 세계사 등 역사를 깊이 있게 공부합니다.

과학은 체험 위주, 수학은 단순 연산이 아닌 사고력 키우는 학습을 시키고, 각종 스포츠와 더불어 중국어나 일본어 등의 제2외국어와 한자 공부도 시작합니다. 얼핏 보면 입시와 관계없을것 같지만, 다양한 학습 활동과 체험 활동은 논술 시험과 구술시험에서 강한 영향력을 발휘합니다.

초등학교 4, 5학년 정도가 되면 본격적으로 입시용 공부가 시작됩니다. 영어는 단기유학과 영어공인성적(토플, 텝스) 시험을 대비하기 위해 이미 실력을 만들어놓았으므로, 주 1회 토론 수업 정도로 가볍게 하고 수학 공부에 많은 시간을 할애합니다. 개인차가 있기는 하지만 본인의 능력에 맞는 선행학습을 하는 것이 일반적입니다.

대치동 아이들은 대부분 국제중 입시와 특목고 입시에 관심을 두고 있습니다. 합격 여부와 관계없이 입시를 준비하면 실력이 남는다는 믿음도 강합니다. 고등학교에 진학해서는 명문대 입시를 위해 정진하며 중학교 때 쌓아놓은 실력을 업그레이드한다는 마음으로 단계별로 목표를 향해 나아갑니다. 대치동 일반고의 명문대 합격률이 높은 것은 이처럼 초등학교 시절 만들어놓은 기본 실력의 힘이 큽니다.

Q. 의사를 꿈꾸는 초등학생 6학년 딸아이를 둔 엄마입니다. 주변 엄마들 말로는 다른 지역보다 강남에서 의대를 많이 보낸다고 하더군요. 그런데 마침 제가 직장을 강남으로 옮기게 되었습니다. 아이 교육문제도 있고 하여 내친김에 아예 강남으로 이사할까 생각 중입니다. 아이의 의대 진학에 도움이 될까요?

A. 대치동에서 거리를 걷다 보면 제일 많이 보이는 간판 중 하나가 병원 간판입니다. 그만큼 의사가 많은 동네이지요. 실제로

대치동의 여느 초등학교에서 선생님이 반 아이들에게 "이번 신체검사에서 봉사해주실 의사 선생님이 계신가요?" 물어보면 한 반에 서너 명은 손을 들고 "저요, 저요, 우리 아빠가 의사에요"라고 합니다. 대치동에 의사들이 많아서일까요? 아이의 진로 상담을 온 엄마들 중 상당수가 "우리 아이를 의사로 만들려면 어떻게 해야 하나요?"라고 물어봅니다.

예나 지금이나 의대 진학은 참 어려운데 의대에 관한 열망은 높아져갑니다. 아이의 의대 진학을 위해 강남으로 이사 오는 게 도움이 되냐고 물어보셨는데 의대 입시를 아시면 답이 나옵니다. 의대 입시는 수시와 정시로 나뉩니다. 통상 명문대 입시의 경우 수시 비중이 70% 이상인데 의대 입시는 수시 비중이 55% 정도 됩니다. 의대 입시에서 수능 성적은 상당히 중요한데 수시에서는 수능최저등급 1등급을 만들어야 하고 정시에서는 고득점순으로 의대 입학이 결정됩니다. 강남에 있는 학생들은 내신 등급보다 수능 등급이 높은 편으로 학교 내신은 3등급인데 수능 등급은 2등급인 경우가 많습니다. 수능 성적을 올리기 위해 대치동으로 이사 오는 분들도 많습니다.

요즘 강남에서는 특목고 진학보다 일반고 진학을 선호합니다. 자녀를 의대에 보내고 싶어 하는 부모가 일부러 일반고를 선택하기도 합니다. 이유는 수시 학생부종합전형에 있습니다. 수시는 크게 학생부교과전형, 학생부종합전형, 논술전형, 실기전형으로 나뉘는데 명문대는 학생부종합전형으로 많은 학생들을 뽑습니다. 서울대는 수시 100%를 학생부종합전형으로 뽑기도 합니다. 학생부종합전형에 응시하려면 학교 내신 성적도 좋아야 하고 교내활동도 탁월해야 합니다. 특목고에 가면 교내활동은 우수하겠지만 내신 성적은 저조할 수도 있습니다. 이렇게 되면 학생부종합전형은 지원 불가입니다. 이런 학생들은 논술전형에 지원할 수밖에 없는데 논술전형의 경쟁률은 상상을 초월합니다. 288 대 1에 가까운 경쟁률도 있습니다. 의대를 진정으로 원하는 학생들은 일반고에서 좋은 내신을 받으려 하는데 강남 일반고는 교내활동도 다양하기에 학생부종합전형에 유리하다고 판단합니다. 강남 이사가 의대 입시와 어떤 연관이 있는지 아셨으리라 생각합니다. 여기서 잠깐! '의대를 가기 위해 꼭 강남으로 이

[표 26] 학년도별 의학계열 선발인원

	2012	2013~2014	2015~2016	2017~2018	2019
의예	1317	1557	2274	2552	2859
치의예	220	232	477	495	600
한의예	750	750	750	750	750
전체	2341	2539	3501	3797	4209

사 오세요'라는 것은 결코 아닙니다. 의대 입시에서 기억해야 하는 용어는 '지역인재전형'입니다. 2015학년부터 시행된 지역인재전형은 서울, 수도권을 제외한 지방대 의학계열 정원의 일정 비율 이상을 의무적으로 지역 고교 출신자에게 선발하는 전형입니다. 일반적으로 지역인재 전형의 합격선이 일반전형에 비해 낮은 편이니 이 제도를 활용하면 좋습니다.

의대에 관한 열망은 높고 의대 진학은 어렵지만 강남구 일반고가 문과에서 이과 중심으로 돌아간 만큼 의대에 관한 관심은 높아져 갑니다. 실제로 휘문고의 경우 총 12반 중 이과가 9반, 문과가 3반입니다. 의학전문대학원들이 의대로 전환됨에 따라 의대 정원은 점점 늘고 있는데 2019학년도에는 무려 4,209명으로 늘어날 예정입니다. 이러한 추세를 눈치 빠른 대치동의 학원들이 모를 리 없습니다. 멀쩡하던 수학학원과 보습학원이 하루아침에 의대입시전문학원으로 바뀌기도 합니다. 당분간 의대 열풍은 계속되리라 예측합니다.

Q. 제 주변에는 대치동으로 이사를 못 해 안달인 엄마들이 많습니다. 대한민국에서 교육환경이야 대치동을 따라갈 곳이 없기는 하지만 모두가 대치동에서 살 수는 없잖아요. 혹 인터넷 강의로는 대치동의 학원 교육을 따라잡기 어렵나요?

A. 결론부터 말씀드리면 대학을 인터넷 강의로만 갈 수는 없지만 굳이 대치동으로 이사하지 않아도 명문대 진학은 100퍼센트 가능합니다.

자녀를 둔 엄마들이 대치동으로 이사하는 것은 생활의 편리함 때문입니다. 아니, 교육의 편리함 때문이라는 말이 더 맞습니다. 대치동에는 학교도 많고 학원도 많습니다. 오죽하면 '학원 백화점'이라고 불리겠습니까. 학원이 많다는 것은 그만큼 선택지가 다양하다는 뜻입니다.

안타깝게도 타 지역의 일반 학원은 개개인의 수준이나 실력이 아니라 그 반에서 가장 잘하는 학생의 진도에 맞춰 수업을 나갑니다. 공부 잘하는 아이의 성적이 올라야 엄마들이 학원으로 몰려오기 때문입니다. 내 아이의 수준에 맞는 맞춤 교육은 힘들다고 봐야 합니다.

[표 27] 초등 저학년 온라인 학습 사이트

운영	사이트	주소
서울시교육청	꿀맛닷컴	www.kkulmat.com
한국교육학술정보원	에듀넷	www.edunet4u.net
한국교육과정평가원	꾸꾸	www.basics.re.kr
i-Scream	아이스크림홈런	www.home-learn.com
에듀모아	에듀모아	www.edumoa.com
족보닷컴	족보닷컴초등	www.zocbo.com

[표 28] 초등 대표 인터넷 강의 사이트

사이트	주소
공부와락	www.gongbuwarac.com
아이수박씨	www.isoobakc.com
에듀모아	www.edumoa.com
엠주니어	www.mjunior.co.kr
족보닷컴초등	www.zocbo.com
해법에듀	www.hbedu.co.kr

　　대치동은 다릅니다. 아이의 학년별, 연령별, 수준별 맞춤형 학원을 선택할 수 있습니다. 수학에서 확률과 통계가 부족한 아이라면 확률과 통계에 능통한 강사가 있는 학원으로 보내면 됩니다. 학원이 많다는 것은 그만큼 학원 간 경쟁이 치열하다는 의미입니다. 대치동에 있는 학원들은 주변 학원과 차별화되기 위해서 독창적인 커리큘럼을 개발하고 더 좋은 교육법을 고민합니다. 이것이 바로 대치동 학원이 유명한 이유입니다. 대치동으로 이사할 수 없다면 대치동 강사들이 진행하는 인터넷 강의를 듣고 방학을 이용해 현장 강의를 듣는 것을 권합니다.

Q. 내 아이에게 좋은 학원이 어떤 학원인지 모르겠습니다. 제가 기준이 없으니 주변 엄마들이 '좋다더라'하는 곳으로 아이의 학원을 옮기는 경우가 많은데요. 내 아이에게 좋은 학원이란 무엇이며, 학원 선택의 기준이 따로 있는지 궁금합니다.

A. 학원은 공부하는 곳이고 강사와의 교류가 긴밀한 곳입니다. 하루 일과 중 적지 않은 시간을 보내는 곳이니 선생님과 코드가 맞아야 성적이 향상됩니다. 반 1등이 다니는 학원, 전교 1등이 다니는 학원이 전부가 아님을 꼭 기억하기 바랍니다.

학원가에서 명강사는 분명 존재합니다. 엄마들이 괜히 과목별 명강사 리스트를 만들고 공유하는 게 아닙니다. 과목별 강사 리스트를 작성하여 내 아이에게 맞는 강사를 찾아주는 것도 엄마가 해야 할 일입니다.

제가 학원을 선택하는 기준은 이렇습니다. 인기 강사에 의존하기보다는 수업과정이 탄탄한 전통 있는 학원, 큰 규모는 아니지만 원장선생님이 손수 교재를 만들고 열정적으로 학생들을 지도하는 학원(원장이 직접 강의하는 학원), 지나치게 많은 광고를 하지 않는 학원, 마케팅보다는 수업 내용에 집중하는 학원, 화려한 시설과 강사들의 외모로 승부하는 학원보다는 적정한 수업료로 안정되게 운영하는 학원이 바로 그것입니다.

마지막으로 학원을 선택할 때는 아이와 이야기를 나눈 후 반드시 동의를 구하고, 등록했으면 최소 3개월 이상은 다니게 해야 합니다. 그래야 학습 효과도 있고 내 아이의 수준도 파악할 수 있습니다.

Q. 최소 초등학교 시절만이라도 아이를 자유롭게 뛰어놀게 해주고 싶은데요. 주변에선 이런 저를 보고 무책임한 엄마라고 해요. 정말 아무것도 모르는 어린아이를 벌써 입시 지옥에 밀어 넣어야 하는 건가요?

A. 온종일 공부를 하는 것도 아니고 하루 몇 시간 공부한다고 해서 입시 지옥에 빠지는 것은 아닙니다. 물론 아이를 온종일 사교육으로 돌리면 그것은 엄마가 말하는 지옥이 맞겠지요. 자녀의 나이에 맞는 학습전략이 필요합니다.

저는 주변 분위기에 휩쓸려 온종일 사교육으로 돌리는 엄마도 위험하지만 본인의 철학이라고 아이를 자유롭게 놔두는 엄마 역시 위험하기는 마찬가지라고 생각합니다. 우리 사회는 명문대를 나오면 선택의 폭이 넓어집니다.

냉정하고 세속적으로 들리겠지만 부정할 수 없는 현실입니다. 물론 부모 개개인의 철학은 중요하고 또 존중되어야 마땅합니다. 그런데 부모의 철학에 따라 아이를 공부시키지 않은 가정이 있다고 생각해봅시다. 자유롭게 성장한 아이가 고등학생이 되어 갑자기 명문대 진학을 원하면 어찌해야 합니까? 중학교 3년의 밀린 공부를 고등학교 학습과 병행해야 한다면 어떤 결과가 발생할까요? 모든 일에는 때가 있는 법입니다.

그렇다고 남들만큼 무지막지하게 시키라는 것은 아닙니다. 엄마가 주도해 독서를 많이 시키고 영어, 수학을 중심으로 기본기를 다져놓으면 학교 공부는 수월해집니다. 공부도 습관이고 내 공입니다. 계획적인 공부를 해본 적 없고 언제나 본능에 따라 놀기만 하던 아이에게 어느 날 갑자기 책을 들이밀면 아이도 적응하지 못합니다. "어머니, 저에게 왜 이러세요?"라며 당황하고 맙니다.

유치원 때부터 하루 30분이라도 책상에 앉는 습관을 들이면 아이에게 공부하라는 잔소리가 필요 없어집니다. 그거면 충분합니다. 설마 그 시간마저 아이에게 가혹하다고 생각하지는 않으시겠지요?

KI신서 9675

엄마주도학습(개정증보판)

2판 1쇄 발행 2021년 5월 17일
2판 3쇄 발행 2023년 2월 17일

지은이 이미애
펴낸이 김영곤 **펴낸곳** (주)북이십일 21세기북스
디자인 강수진
출판마케팅영업본부 본부장 민안기
출판영업팀 최명열 김다운
제작팀 이영민 권경민

출판등록 2000년 5월 6일 제406-2003-061호
주소 (10881) 경기도 파주시 회동길 201 (문발동)
대표전화 031-955-2100 **팩스** 031-955-2151
이메일 book21@book21.co.kr

(주)북이십일 경계를 허무는 콘텐츠 리더

21세기북스 채널에서 도서 정보와 다양한 영상자료, 이벤트를 만나세요!
페이스북 facebook.com/jiinpill21   **포스트** post.naver.com/21c_editors
인스타그램 instagram.com/jiinpill21   **홈페이지** www.book21.com
유튜브 www.youtube.com/book21pub

서울대 가지 않아도 들을 수 있는 **명강의!** 〈서가명강〉
유튜브, 네이버, 팟캐스트에서 '서가명강'을 검색해보세요!

© 이미애, 2017

ISBN 978-89-509-9518-8 03370